ÉTUDES

SUR

L'ÉLOQUENCE JUDICIAIRE

EN FRANCE

L'ÉLOQUENCE

ET

LE BARREAU

DANS LA PREMIÈRE MOITIÉ

DU SEIZIÈME SIÈCLE

PAR

THÉODORE FROMENT

ANCIEN ÉLÈVE DE L'ÉCOLE NORMALE

PROFESSEUR DE RHÉTORIQUE AU LYCÉE DE BORDEAUX

PARIS

ERNEST THORIN, ÉDITEUR

LIBRAIRE DU COLLÉGE DE FRANCE ET DE L'ÉCOLE NORMALE SUPÉRIEURE

7, RUE DE MÉDICIS. 7

1874

A M. D. NISARD

DE L'ACADÉMIE FRANÇAISE

ANCIEN DIRECTEUR DE L'ÉCOLE NORMALE

HOMMAGE

DE RESPECT ET DE RECONNAISSANCE

AVANT-PROPOS

L'histoire de l'éloquence judiciaire au seizième siècle peut se diviser en deux époques distinctes : avant L'Hôpital et après L'Hôpital.

La première période commence avec le chancelier Antoine Duprat, et la seconde finit avec le chancelier Guillaume du Vair. Elles embrassent chacune à peu près la moitié d'un siècle, puisque la première s'étend de 1515 à 1560, et la seconde de 1560 à 1621. Si la première voit se lever le soleil de la Renaissance, que saluent les Aubery, les de Thou, les Séguier et les Marillac, la seconde seule semble atteinte et renouvelée par cette influence féconde.

C'est le chancelier de L'Hôpital avec les Pasquier, les Arnaud, les Pithou, les Marion et les du Vair, qui représente à nos yeux le seizième siècle, c'est-à-dire la

Renaissance au barreau ([1]). Nul ne soutint avec plus d'autorité que L'Hôpital les principes traditionnels du barreau, qui étaient ceux du tiers-état, « l'attachement au maintien de l'unité française et aux libertés de l'Église Gallicane. » Nul n'affirma avec plus de fermeté, ni avec plus de mesure, la vieille maxime de notre monarchie, *une foi, une loi, un roi;* car, selon lui, « là foi devait être tolérante, la loi protectrice et le roi impartial pour tous. » Il abolissait ces mots diaboliques : factions, séditions, hérésies, dont le zèle fanatique d'un président Lizet armait naguère la haine des persécuteurs ; il désavouait hautement les maximes despotiques des chanceliers Duprat et Poyet, et reconnaissait que les biens des sujets appartenaient au roi *imperio, non*

([1]) Nous ne croyons pas exagérer ici le rôle du chancelier de L'Hôpital. « Michel de L'Hôpital a été le plus grand et le plus digne chancelier qu'il y ait eu en France, » a dit Brantôme; « c'était un autre censeur Caton. » Celui qui a inspiré au frivole et licencieux chroniqueur un éloge si grave et si respectueux n'a pas eu moins d'influence sur les membres de la magistrature et du barreau. De 1560 à 1568, L'Hôpital combat les abus et travaille à la *réformation de la Justice.* Par les ordonnances qu'il publie, par les harangues qu'il prononce, comme chancelier, il inaugure en quelque sorte une ère nouvelle dans le monde judiciaire au seizième siècle. L'ordonnance d'Orléans abolit la vénalité des charges (1560). L'ordonnance de Moulins (1566), en donnant au roi la nomination des conseillers, veut « que l'élection soit faite par la Cour de personnes capables, ayant l'âge de vingt-cinq ans passés et versées dans la jurisprudence et expérience des jugements. » — Voir sur ses Harangues notre *Essai sur l'Eloquence judiciaire en France avant le dix-septième siècle.*

dominio et proprietate (¹). Après le concile de Trente, il défendait contre le cardinal de Lorraine les priviléges de notre clergé, alléguant « qu'il n'étoit raison de les laisser perdre aucunement, ains de les maintenir jusqu'à la dernière goutte de sang de tous les François (²). » En faisant ses efforts pour que la France *demeurât elle-même* et ne se laissât absorber ni par la *révolution religieuse du Nord,* ni par la *réaction du Midi* (³), il préservait du même coup le caractère et le génie propre de la nation. S'il retrempait l'idiome vulgaire à la source des chefs-d'œuvre antiques, il gardait du moins ses qualités natives et originales, la clarté, la franchise et le naturel. Ces qualités se retrouvent au Palais dans la génération dont il est en quelque sorte le chef et l'oracle (⁴).

(¹) V. Henri Martin, *Histoire de France,* t. IX, p. 66.

(²) *Vie du connétable Anne de Montmorency.* (Œuvres de Brantôme, édit. de La Haye, t. VII, p. 98.)

(³) V. Augustin Thierry, à qui nous empruntons ces expressions et son jugement sur L'Hôpital, *Histoire du Tiers-État,* t. I, p. 113.

(⁴) Bien que l'influence de L'Hôpital ne devienne manifeste et décisive que du jour où il est nommé chancelier de France, elle date certes de plus loin, et l'on en peut suivre la trace dans sa correspondance et ses écrits. Le garde des sceaux Olivier, l'avocat du roi Baptiste du Mesnil, le juge-mage de Toulouse du Faur de Pibrac, reçoivent tour à tour ses éloges, ses avis, ses encouragements. Le talent n'a pas de protecteur plus éclairé. En 1551, lorsque les premières poésies de Ronsard sont attaquées à la cour par Mellin

C'est alors, en effet, que la renaissance des lettres, propagée par l'imprimerie et encouragée par la royauté, porte vraiment ses fruits au barreau. Les avocats de *cette volée* venue après Marot et Rabelais, après Cujas et Ramus, ont reçu une éducation qui avait manqué à leurs devanciers ; ils ont entendu d'autres maximes, adopté d'autres principes, suivi d'autres méthodes : le double mouvement de la Réforme et de la Renaissance a élargi la sphère de leurs idées, éveillé l'indépendance de leurs esprits ; les tempêtes politiques et religieuses, en ébranlant leurs âmes, ont renouvelé leur langage ; un souffle de vie a passé dans cette phraséologie stérile et cette dialectique pédantesque ; le sentiment douloureux de l'heure présente a dominé les froids souvenirs de l'antiquité classique ; et dans la mêlée des partis et des écoles, dans le conflit des guerres civiles et de la domination étrangère, les cœurs honnêtes se sont fermement attachés aux lois, aux traditions, à la langue de la

de Saint-Gelais et sa coterie, L'Hôpital, alors chancelier de Mme Marguerite, sœur de Henri II, prend en main la cause du poète et le défend contre la cabale de ses envieux. Par ses poésies et par ses lettres, comme par ses discours, sa conversation et ses études, il prépare donc cette rénovation, ou, pour parler plus exactement, ce progrès de l'éloquence judiciaire dont l'avénement au Palais précède et suit de quelques années son élévation à l'office de chancelier.

patrie ; à la royauté, à l'Église, à la littérature natio-
nales. Plus modernes, plus rapprochés de nous par
leurs sentiments, leur langage et leurs doctrines, les
avocats de cette seconde période attirent davantage
notre attention et soutiennent mieux notre examen [1].

La première moitié du siècle a compté cependant
quelques orateurs dignes d'être connus et cités encore
aujourd'hui. Contemporains de François Ier, de Henri II,
de François II et de Marie Stuart ; témoins des travaux
de Jean Goujon, d'André del Sarte, du Rosso et du
Primatice ; lecteurs d'Érasme, de Budé et d'Étienne
Dolet, ils n'ont pas fermé les yeux en aveugles à l'essor
des sciences et des arts. Disciples d'une autre école,
imbus des leçons d'un autre temps, ils ne se sont pas
pourtant tous obstinés dans les errements du passé.
Tandis que la vieille tour du Louvre tombait par l'ordre
de François Ier, entraînant dans sa ruine les restes de
la monarchie féodale, ils ont laissé s'écrouler aussi
l'édifice chancelant de l'École. Ils ont aidé la transition
du moyen âge aux temps modernes. Ils ont, malgré

[1] L'*Institution chrétienne* de Calvin, le plus grand monument de la prose
française avant le *Discours de la Méthode,* n'est publiée qu'en 1540 ; le
quatrième livre de Rabelais ne paraît qu'en 1552, et les *Essais* de Montaigne
datent de 1580. Seule la génération qui entre au Palais de 1550 à 1560 a
donc pu profiter de la lecture de ces chefs-d'œuvre.

quelques résistances, laissé le Palais s'ouvrir aux bruits et aux progrès du dehors. Leurs discours ont péri pour la plupart, et, sauf de rares exceptions, quelques fragments seuls en ont survécu ; mais les jeunes qui les ont vus et fréquentés, ont rendu justice à leur savoir, à leur bienveillance, à leur talent ; et c'est d'après le témoignage de ceux qui les entendirent, que nous allons essayer de recueillir quelques traits d'une éloquence goûtée à son heure, rappeler les titres de personnages restés célèbres ou disputer à l'oubli quelques noms jadis illustres, négligés aujourd'hui par l'histoire et dont le Palais même ne se souvient plus (¹).

(¹) Dans notre *Essai sur l'histoire de l'Éloquence judiciaire en France avant le dix-septième siècle* (Thèse présentée à la Faculté des Lettres de Paris), nous avons laissé de côté la première période du seizième siècle. Nous revenons ici sur les avocats qui précédèrent Pasquier et L'Hôpital : nous étudions des orateurs que nous n'avions nommés qu'en passant. C'est un nouveau chapitre ajouté à notre premier travail.

ÉTUDES

L'ÉLOQUENCE JUDICIAIRE

EN FRANCE

I

Procès de Louise de Savoie, mère de François Ier, et du connétable de Bourbon. — Guillaume Poyet, François de Montholon et Pierre Lizet.

Deux procès fameux contribuèrent, dans la première moitié du seizième siècle, à donner un grand retentissement à l'éloquence judiciaire et à jeter un grand éclat sur le barreau. Le premier est le procès de Louise de Savoie contre le connétable de Bourbon, sous le règne de François Ier; le second, le procès du baron d'Oppède, sous le règne de Henri II.

On connaît l'histoire de ce connétable de Bourbon, si renommé d'abord pour ses vertus, sa fortune et sa bravoure, qui, persécuté par la reine-mère, ne recula pas devant une trahison pour se venger d'une injustice.

Adoré des soldats, estimé du Parlement, contrastant par la sévérité de ses mœurs avec les dissipations d'une cour frivole et galante, Charles de Bourbon n'était pas sans porter ombrage au roi. Henri VIII, qui l'avait remarqué au camp du Drap-d'or, aurait dit à François Ier : « Si j'avais un pareil sujet, je ne lui laisserais pas longtemps la tête sur les épaules. »

Chef de la branche de Montpensier, c'était un des derniers grands vassaux de la couronne. Par son mariage avec Suzanne de Bourbon, fille d'Anne de France et petite-fille de Louis XI, il avait réuni en sa possession les vastes domaines des deux branches de sa famille. « Jamais seigneur en cette France, n'étant fils de roi, n'étoit arrivé à si haut degré de fortune que lui, prince du sang, connétable de France, gouverneur du Languedoc, seigneur souverain de Dombes, comte de Clermont en Beauvoisis, Forest, La Marche, prince dauphin d'Auvergne, seigneur du Beaujolois, Mercœur, Combrailles ; pair et chambrier de France ([1]). » Sa femme, qui mourut en 1521, avait fait, de l'aveu d'Anne de France elle-même, une donation universelle à son profit. « Non seulement, dit Voltaire, elle lui avait laissé tous ses biens par testament ; mais il en était héritier par d'anciens pactes de famille observés dans tous les temps. Le droit de Charles de Bourbon était encore plus incontestable par son contrat de mariage, Charles et

([1]) Étienne Pasquier, *Recherches de la France,* livre VI, p. 560, 561, 562.

Suzanne s'étant cédé mutuellement leurs droits et les biens devant appartenir au survivant. Cet acte avait été solennellement confirmé par Louis XII et paraissait à l'abri de toute contestation. Mais la mère du roi, régente du royaume, pendant que son fils allait à la guerre d'Italie, étant outragée et toute-puissante, intenta procès devant le Parlement de Paris (¹). »

Louise de Savoie, fille de Marguerite de Bourbon, duchesse de Savoie, était cousine germaine de la feue duchesse Suzanne, dont Charles n'était que parent éloigné. Blessée au cœur de ce que le connétable eût refusé sa main, elle se résolut à le ruiner ou à l'épouser. Le chancelier Antoine Duprat, entrant dans ses desseins, lui donna donc ce conseil : « Les biens dont jouissoit le connétable étoient de deux natures. Les uns provenant de l'ancien estoc de la famille de Bourbon, auxquels cette princesse devoit succéder, comme plus proche lignagère; et les autres sujets à réversion à la couronne par conventions contractuelles : partant y devoient être réincorporés. Qui seroit un parti que le procureur général soutiendroit pour la nécessité de sa charge. Au demeurant, qu'il y avoit une ancienne leçon dedans l'école du palais, que *jamais le Roi ne plaidoit dessaisi.* Et par ce moyen il pourroit advenir que, sans entrer en involution de procès, le connétable seroit très aise d'entendre au mariage dont il étoit question. » Voilà, ajoute Pasquier,

(¹) Voltaire, *Histoire du Parlement de Paris,* chap. XIX.

le premier plan de cette cause. Il s'agissait de faire casser la donation consentie par Suzanne de Bourbon et Anne de France au profit du connétable, ou d'amener la réversion de leurs biens à la couronne.

Guillaume Poyet, fils d'un avocat d'Angers, avocat distingué au Parlement de Paris, fut chargé de soutenir les prétentions de Louise de Savoie et de démontrer « que la succession devoit échoir à la mère du roi, demanderesse ».

Charles de Bourbon confia sa cause à François de Montholon, « homme de bien et de bonne vie, » dit Miraulmont, et qui donna certes une preuve de courage en osant affronter le ressentiment de la reine-mère.

Pierre Lizet, avocat du roi, devait porter la parole pour le procureur général.

Me François de Montholon ayant déclaré que les grands biens de la maison de Bourbon « ne pouvoient tomber en quenouille : partant appartenoient à Charles de Bourbon comme plus prochain mâle et principal héritier, » Pierre Lizet requit avoir communication des titres, disant « que tel faisoit souvent lever le lièvre, qu'il ne prenoit pas; ains tomboit inespérément ès mains d'un autre qui n'y pensoit. Que cela pourroit arriver en la cause qui se présentoit; qu'après que les titres auroient été vus par lui, peut-être se trouveroit-il que *les deux parties disputoient de la chappe à l'évêque* (ce sont les mots dont il usa) et que nul n'y avoit aucun droit que le roi. » La Cour, par son arrêt, ordonna que toutes les parties

viendraient défendre à la complainte le lendemain de la
Saint-Martin. Pendant lequel temps le procureur général
aurait communication des titres et enseignements,
desquels serait fait inventaire.

Les paroles de Pierre Lizet, dans leur originale sim-
plicité, nous remettent presque en mémoire certaines
fables de Lafontaine. Ses images, ses expressions, ses
tournures, en passant par la bouche de Pasquier, ont la
familiarité expressive et la pointe de malice gauloise que
nous aimons dans les fables *les Voleurs et l'Ane,
l'Huître et les Plaideurs*. Chez l'un et l'autre, même
morale. Pour le magistrat comme pour le fabuliste, les
deux plaideurs se disputent au profit d'un rival commun.
François Ier va recueillir l'héritage que réclament les
deux parties.

C'est au mois de février 1522 que fut plaidée la grande
cause de Louise de Savoie contre le connétable de
Bourbon. « Grande cause véritablement, si jamais il s'en
présenta de grande en France, s'écrie Pasquier, soit que
vous considériez la grandeur du sujet, ou des parties,
ou des avocats. Car il étoit question de deux duchés,
quatre comtés, deux vicomtés, plusieurs baronies et
châtellenies et une infinité d'autres seigneuries. Trois
illustres parties, une mère de roi, un prince du sang
connétable et finalement le roi même. Trois signalés
avocats, Poyet, depuis chancelier ; Montholon, garde des
sceaux ; Lizet, premier président au Parlement de Paris...
De vous représenter toutes les fleurettes des plaidoyers

2

de ces grands avocats, telles que portoit la rhétorique
du temps, ni les raisons par eux diversement déduites,
c'est un ouvrage que je n'ai point entrepris. Je me
contenterai de vous dire que Poyet plaida pour la proximité du lignage; Montholon pour la masculinité, ores
qu'en plus éloigné degré, et Lizet pour le droit de réversion au roi et à sa couronne. »

On trouve dans l'*Histoire de la Maison de Bourbon*, par
Antoine de Laval, des fragments de ces plaidoyers (¹); et
l'on comprend, en les lisant, que Pasquier s'abstienne de
reproduire pareilles *fleurettes*. C'est un amas d'érudition
indigeste qui rappelle trop les procédés de l'éloquence au
quinzième siècle. Les textes de lois s'y mêlent sans
mesure aux arrêts du Parlement et aux citations savantes.
On se perd dans un dédale de listes généalogiques, de
dissertations juridiques, de subtilités scolastiques. « Les
conventions concernant les droits des parties, dit Pasquier, étoient claires, sans art, sans fard, avec une
naïveté telle que l'on pouvoit souhaiter en princes non
nourris en la poussière des écoles. Toutefois quand ce
vint aux lances baisser (22 février 1522), je voy que ces
trois grands guerriers s'armèrent d'une jurisprudence
pédantesque, mendiée d'un tas d'écoliers italiens, que
l'on appelle docteurs en droit, vrais provigneurs de
procès (telle étoit la rhétorique de ce temps-là). Et tout

(¹) V. *Desseins de professions nobles et publiques, contenans plusieurs
traités divers, avec l'Histoire de la maison de Bourbon*, par Antoine de Laval,
géographe du Roi. Paris, 1612.

ainsi qu'il est aisé de s'égarer dedans une touffe de bois, aussi dedans un pêle-mêle d'allégations bigarrées, au lieu d'éclaircir la cause, on y apporta tant d'obscurités et ténèbres, qu'enfin par arrêt donné sur le commencement d'août, les parties furent appointées au Conseil. »

Antoine de Laval, qui rend compte de ce fameux procès et qui relit en 1612 les plaidoyers prononcés en 1522, n'ose pas citer les traits d'éloquence qu'admirèrent les contemporains de François Ier. « Je ne ferai point mention des exordes et poèmes de ces grands personnages : on le trouveroit aussi étrange à cette heure, comme alors cela ressentoit sa grande littérature et sa modestie tout ensemble. »

François de Montholon se fit remarquer cependant par la prudence et l'adresse qu'il déploya dans une cause si délicate. Quoiqu'il fût « armé de toutes pièces pour parer aux coups de son adversaire », il n'alla pas au-devant de la lutte, « voyant et la puissance et l'animosité de la princesse contre laquelle il avoit affaire, qui est un secret que tout advocat doit apprendre en telle occurrence; non qu'il ne faille estimer tous les juges être gens de bien, qui ne voudroient-détraquer leurs consciences de bons chemins; mais tant y a qu'ils sont hommes; et doit le sage en tels accessoires esquiver le plus qu'il peut, tout ainsi que le nautonnier calle la voile à la tempête (¹). »

Obligé enfin d'entrer hardiment en lice, François de Montholon soutint que la terre de Bourbon était une

(¹) V. Étienne Pasquier, *Recherches de la France*, liv. VI, p. 560 et suiv.

terre salique comme les terres de la couronne. Il démontra que, suivant les lois du royaume, les terres d'apanage étaient inaliénables, et devaient venir de mâle en mâle tant qu'il y en avait du premier à qui l'apanage avait été baillé. Il rappela « que le pays de Bourbonnais de son commencement, avant qu'être érigé en duché, étoit une baronie, dont les barons, nommés communément *Archambaus* (¹), étoient princes grands terriens, prochains parents des rois de France, tenoient partie des pays de Bourgogne et de Champagne. Dès lors y avoit en ladite maison de Bourbon coutume invétérée telle qu'en plusieurs autres maisons de ce royaume, par laquelle fille ne succédoit en ladite baronie tant qu'il y eut mâle du nom, fût tel mâle en pareil ou plus lointain degré que la fille... » Ce passage, observe l'historien, est, « en somme, le plus notable dudit plaidoyer de Montholon pour montrer les droits de M. de Bourbon. *Mais pour un mot de françois, il y en a cinq cents de lois et d'autres allégations latines.* »

Antoine de Laval, qui raconte l'histoire de la maison de Bourbon, semble prévenu contre Poyet, l'avocat de Louise de Savoie, et ne trouve pas grand'chose à citer dans son plaidoyer, « sinon l'artifice du commencement où il allègue la proximité du degré de ladite dame, mère du roi, avec feue madame Suzanne, à laquelle il soutient

---

(¹) Ce nom d'*Archambaull* ou *Archambau*, que portèrent les sires de Bourbon, fut ajouté à celui de leur fief principal, dont le chef-lieu s'appela Bourbon-l'Archambault.

qu'elle devoit succéder *ab intestat.* » Il y relève, au contraire, « une plaisante chicanerie qui seroit bien sifflée en pays où la seule équité serviroit de loi: » Quels arguments, en effet, invoque l'avocat de la reine-mère ? Interprétant une donation où les princes donateurs parlaient *leur langage ordinaire maternel, clair et intelligible,* et où les notaires ignorants rédigeaient leurs intentions en *leur patois mauvais latin, lequel ils n'entendaient non plus que les parties,* Mᵉ Guillaume Poyet tire de là un grand et riche sujet d'*étaler sa denrée.* « Les mots apposés au contrat, dit-il, faisant mention des mâles, sont par ablatifs absolus, *nostro filio, et aliis nostris masculis natis et nascituris,* etc. Or, ces ablatifs absolus *de jure resolvuntur in conditionem.* » Ainsi raisonne l'avocat. — « Voyez, s'écrie alors Antoine de Laval, voyez de quelles pièces on s'aide pour renverser un bon droit! Nous savons bien que les docteurs ont voulu que les ablatifs absolus suspendissent l'effet de quelques dispositions aux contrats, comme étant conditionnels... Mais ici je pourrois m'écrier avec le docteur Balde : *O nimia verborum subtilitas, ut quid vulneras realitatem !* »

Ce fut le 26 février 1522 que Lizet, pour le procureur général, prit la parole en faveur de la couronne dans le procès entre Monsieur de Bourbon et Madame mère du roi. « Ce plaidoyer est plein de choses de grande recherche et qu'on ne trouve point aux histoires que nous avons entre les mains, » dit Antoine de Laval. Il est vrai que, pour *fortifier son interprétation,* Lizet « allègue cinq ou six feuillets entiers de lois, canons, de docteurs et infinies autorités »; mais son discours en maint endroit « sert à l'éclaircissement de l'histoire de France et est très beau à voir ».

Élevant le débat à la hauteur d'une question de droit public, Lizet se montra en cette circonstance le défenseur des intérêts de la royauté, le véritable prédécesseur de l'avocat du roi, Simon Marion (¹).

Après avoir étudié jusqu'à son origine la généalogie de la maison de Bourbon, il démontra « que le duc Charles ne descendait pas en ligne masculine du premier apanagé. Il rappela que le Parlement s'était constamment opposé à l'*aliénation de ces grands fiefs,* et que notamment, par arrêt intervenu en 1416, il avait été décidé que le don qu'en avait fait Charles VI, en faveur du mariage de Marie de Berry et de Jean de Bourbon, était nul, et qu'ils devaient revenir au roi. Il attaqua l'effet des transactions de Louis XI et de Charles VIII au profit d'Anne de France, leur fille et sœur, et démontra qu'elles étaient un acte de faveur et non de justice, et que Louis XII, en les confirmant par lettres-patentes *enregistrées de son exprès commandement,* avait violé la loi fondamentale de la monarchie. Il prouva, en un mot, que si ces rois n'avaient pu aliéner ces domaines au préjudice de leurs propres droits, les donations de la duchesse

(¹) Voir le plaidoyer de Simon Marion, dans le procès en matière de *droits régaliens* (1572), au chapitre IV de notre *Essai sur l'histoire de l'Éloquence en France avant le dix-septième siècle.*

Anne et de sa fille étaient nécessairement nulles. Il s'attacha surtout à produire dans l'esprit de ses juges la conviction qu'ils étaient les dépositaires des prérogatives de la royauté; qu'ils devaient, à l'exemple de leurs prédécesseurs, s'opposer à l'aliénation de ces grandes seigneuries, et qu'ils devaient observer les sages préceptes de l'édit éternellement mémorable de Louis XII, qui ordonnait « qu'on suive toujours la loi, malgré les ordres contraires que l'importunité pourroit arracher au monarque » (1).

L'arrêt du Parlement, sans trancher la question en litige, mit sous séquestre tous les biens contestés. Ce n'était pas les adjuger au roi, c'était du moins, « en apparence, réduire au petit pied la grandeur du connétable de Bourbon. » Bien que la mère du roi « dût avoir la moindre part au gâteau », elle avait ainsi gagné sa cause, puisqu'elle avait eu sa vengeance. L'histoire raconte les suites funestes de cette vengeance princière : la Provence envahie, le sac de Rome, un prince français portant les armes contre son pays et son roi. La confiscation définitive des biens de la maison de Bourbon n'eut lieu cependant qu'après la trahison du connétable et son alliance avec Charles-Quint.

Par le genre de leur éloquence, les trois champions de ce débat sont bien les contemporains d'Antoine Duprat, les disciples de Balde (2), les orateurs du Palais avant de

---

(1) V. *Étude sur Pierre Lizet,* par F. de Larfeul. Clermont-Ferrand, 1856.

(2) Balde, jurisconsulte italien du quatorzième siècle (mort en 1400),

Thou, Ramus et l'Hôpital. Lizet, Poyet et Montholon plaident dans le procès du connétable de Bourbon l'année même où Budé fait paraître son *De asse*, où Cujas vient au monde à Toulouse. Ronsard ne naîtra que deux ans après, en 1524. Alciat n'a pas encore enseigné en France; il n'y viendra qu'en 1529. Ramus n'a encore rien publié; ses premiers écrits datent de 1543. Enfin, L'Hôpital est encore loin; il ne deviendra chancelier qu'en 1560. — Lizet, Poyet et Montholon n'appartiennent donc pas à ce groupe d'hommes qui forment, selon nous, le barreau de la Renaissance. Par leur éducation, par leurs relations, par leurs doctrines, ils tiennent encore à la génération de la fin du quinzième siècle. Ils ont, certes, une science variée, une élocution parfois originale et forte; mais ils gâtent des expressions sensées et des images heureuses par un étalage de science aride et *pédantesque* ou par une rhétorique démodée. Leur caractère est aussi inégal que leur talent. Sauf François de Montholon, dont la vie est irréprochable, les deux autres avocats n'ont pas cette indépendance et cette fermeté que nous remarquerons au barreau dans la période qui va suivre.

Regardé à la suite de ce procès comme le *premier orateur du royaume*, Guillaume Poyet fut nommé successivement avocat du roi en 1531, président à mortier en 1534, enfin chancelier de France en 1538. C'est lui

élève de Barthole et professeur de droit à Pérouse. Ses œuvres forment 3 volumes in-fol. « Il y est trop sec sur le nécessaire, trop prolixe sur l'inutile, et cite des lois qui n'ont pas trait à ce dont il s'agit... » (Ch. Nisard.) V. *Dictionnaire* de Dezobry.

qui publia, en 1539, la fameuse ordonnance de Villers-Cotterets, où se trouvent résumés les travaux de la jurisprudence en France depuis Charles VII. Reproduite en partie dans les ordonnances de 1667 et de 1670, restée en vigueur à la Martinique jusqu'à la promulgation du Code civil (¹), l'ordonnance de Villers-Cotterets est un des monuments législatifs les plus considérables du seizième siècle. Un jurisconsulte moderne l'appelle cependant « une des hontes du règne de François Ier », et déclare qu'elle mérite « l'indignation des gens de bien (²) ». C'est mal juger la portée de cette œuvre imposante; c'est méconnaître les réformes utiles qu'elle a consacrées (³). On peut s'étonner toutefois et regretter hautement, nous l'avouons, qu'un ancien avocat, devenu chancelier, ait enlevé aux accusés, en matière criminelle, l'assistance des avocats et le bénéfice de la défense publique. On lit, en effet, dans l'ordonnance de Villers-Cotterets : « Art. 162. En matière criminelle, ne seront les parties aucunement ouïes et par le conseil ni ministère d'aucunes personnes; mais répondront par leur bouche des cas dont ils seront accusés... » On peut

(¹) La Martinique n'appartient à la France que depuis 1635.

(²) V. *Histoire du Barreau de Paris*, par Gaudry, ancien bâtonnier de l'ordre des avocats. Paris, 1865.

(³) L'ordonnance de Villers-Cotterets créa les registres de l'État civil, en ordonnant « qu'il fut fait registre des baptêmes contenant les temps et heures de nativité. » Elle rendit obligatoire l'emploi de la langue française dans les actes publics devant les tribunaux : elle détermina les limites qui séparent la juridiction civile de la juridiction ecclésiastique, etc., etc.

regretter qu'un ancien avocat ait non seulement interdit les débats publics et ordonné la procédure secrète, mais qu'il ait encore maintenu la torture en termes dignes de l'Inquisition. « Art. 163. Si, par la visitation des procès, la matière est trouvée sujette à torture ou question extraordinaire, nous voulons incontinent la sentence de ladite torture être prononcée au prisonnier, pour être promptement exécutée, s'il n'est appelant. »

Poyet, du reste, « n'avait pas le cœur assez droit pour avoir la main toujours heureuse en innovations. C'est à lui qu'on dut l'introduction de la loterie en France; on l'appelait alors *la blanque* (¹). » Il prélevait ainsi une sorte d'impôt sur la spéculation qu'il autorisait, pour subvenir aux dépenses d'un roi prodigue et voluptueux. Poyet, nommé chancelier, avait pris Antoine Duprat pour modèle et n'avait plus songé « qu'aux deux moyens de se maintenir à la cour : celui de *s'enrichir* et celui de *se dévouer* » (¹). C'est ainsi qu'il servit la haine de Montmorency contre l'amiral Chabot de Brion et présida lui-même la commission extraordinaire choisie pour condamner l'amiral. Mais accusé à son tour quand Chabot fut rentré en grâce, traduit à son tour devant une commission extraordinaire que le roi nomma lui-même et devant laquelle il vint déposer en personne, le chancelier fut dégradé de sa charge, déclaré « inhabile à tenir jamais office royal »

(¹) Henri Martin, *Histoire de France*, t. VIII, p. 273.

(²) V. *Histoire du procès du chancelier Poyet*, par l'Historiographe sans gages et sans prétentions. (1776.)

et condamné à une forte amende envers le roi. Il paya l'amende, mais ne reprit pas, comme on l'a prétendu, ses fonctions d'avocat au Parlement (¹).

François de Montholon, l'ancien adversaire de Poyet dans le procès de Louise de Savoie, lui succéda en qualité de garde des sceaux (1542). Déjà il avait été pourvu en 1538 de l'office d'avocat du roi, auquel l'appelait en quelque sorte la voix publique et l'accord des gens de bien. Nous citerons, en témoignage de l'estime qui l'entourait, la lettre que le connétable de Montmorency écrivait de Chantilly à François Ier : « Sire, à mon passage par Paris, j'ai entendu que Alligret, vostre advocat en vostre cour de Parlement, estoit fort malade, et depuis, à ce que l'on m'a dit, il est fort empiré ; de sorte que, sans la grâce de Dieu, l'on trouve difficile qu'il en puisse reschapper, ce qui vous sera, si ainsi estoit, une grosse perte à laquelle je ne fais doute que vous n'eussiez regret : d'autant, Sire, que vous auriez perdu un très bon serviteur et homme de bien. Et pour ce que je suis seur que, le dit cas advenant, désireriez fort de pourvoir en son lieu de personnaige qui ne méritât moins que lui ladite charge, *non seulement pour le bien de vous, mais aussi pour celui du public,* je me suis à ceste cause voulu enquérir des advocats qui sont à Paris ; et, entre autres, *j'ai eu si bon rapport d'un nommé Montholon* duquel je pense qu'avez assez ouï parler, que, encore que autre-

(¹) V. aux *Notes* quelques détails sur le procès du chancelier Guillaume Poyet.

ment n'aie connaissance de lui et que jamais je ne l'aie veu, je vous supplirai, Sire, avant que de pourvoir au dit office, s'il venoit à vacquer, vous veuillez faire enquérir plus avant dudit Montholon ; et si l'on vous en dit autant comme l'on m'a fait à moi, je pense, Sire, que au lieu d'estre importuné de le bailler à autre, *vous aurez envie de prier icelui Montholon de le prendre.* Je ne vous ferai, Sire, autre prière pour lui, car je n'ai en cela affection, *si non que le dit office soit mis en mains d'homme qui soit tel qu'il est requis.* »

François Ier avait remarqué Montholon dans le fameux procès de Louise de Savoie ; et la recommandation de Montmorency ne pouvait que confirmer un choix déjà arrêté sans doute.

Pierre Lizet fut nommé en 1529 premier président du Parlement de Paris. Chargé par François Ier de rédiger la coutume du Berry, il apporta dans ce travail tant de précision et de clarté, qu'entre les autres coutumes de France celle du Berry reçut le nom de *Coutume savante.* Mais disgracié en 1550 par l'influence du cardinal de Lorraine, Lizet ne sut pas accepter sa chute. « On le vit se conduire en femme après avoir agi en homme, » dit de Thou. Plus désintéressé que Guillaume Poyet, il sortit du moins pauvre de sa charge. Singulier mélange de faiblesse et de fermeté, Lizet est resté célèbre par son zèle fanatique contre les protestants. Comme le principal de Montaigu, l'ardent et implacable Béda, il avait travaillé à allumer les bûchers contre les hérétiques. Louis de Berquin, *le plus savant de la noblesse*, était brûlé en place de Grève l'année même où Lizet devenait premier président (1529). Rabelais lui semblait, comme à Calvin et à Galland, « hérétique *formé*, hérétique *clavelé*, hérétique *brûlable* (1). » Quand Dumoulin publia son *Commentaire sur les petites Dates*, Pierre Lizet prit la défense de la chancellerie romaine. Pour avoir été grand avocat du commun, il se croyait grand théologien ; mais en portant la faucille dans une autre moisson, il ne récolta que des déboires et des inimitiés (2). Il s'attira de son vivant une réponse terrible de Théodore de Bèze, qui le tournait en ridicule sous le nom de *magister Benedictus Passavantius;* et après sa mort un jugement sévère du grand Arnauld, qui relevait ses erreurs en théologie (3).

(1) Dans son intéressante *Histoire de la Satire en France*, M. Lenient apprécie ainsi le rôle de P. Lizet : « Le président Lizet soutient et continue au Parlement les doléances de Béda. Tous deux champions arriérés du moyen âge, ligués dans une haine commune de la Renaissance et de la Réforme, apportent à la lutte cet entêtement fanatique, cette intrépidité dans l'absurde, qui semble souvent le dernier privilége des causes perdues. » (P. 154.)

(2) En 1550, Lizet dut échanger son siége au Parlement contre l'abbaye de Saint-Victor. « Privé désormais du droit d'envoyer des hérétiques au bûcher, il s'occupa de les réfuter. Dans ce but il écrivit ou plutôt acheva deux formidables volumes de controverse qui devaient pulvériser la prétendue réformation. Lui-même, se posant comme un nouvel Encelade, avait bravement pris le titre de *Montagnard Auverpin*, docteur en droit civil et en droit canon *(Arverni montigenæ utroque jure consulti)*. Malheureusement son latin se ressentait aussi de la montagne et rappelait moins Rome que Clermont-Ferrand. Il avait dédié son œuvre à tous les saints et saintes, *omnibus sanctis et sanctabus*. Cette lourde épave théologique vint échouer dans le camp des protestants au milieu d'un rire universel. » (Lenient, p. 179.)

(3) V. aux *Notes* le jugement d'Arnauld sur P. Lizet, ainsi que l'éloge consacré au premier président du Parlement de Paris, par Antoine Mornac.

Le procès du connétable de Bourbon et de Louise de Savoie intéresse donc l'histoire de l'éloquence judiciaire en France moins par le mérite des discours prononcés et la valeur oratoire des fragments qui nous en restent, que par l'importance donnée aux avocats qui y plaidèrent et par le rôle qui leur fut ensuite réservé. C'est en même temps une date au point de vue du goût et du style. Il nous permet de mesurer le progrès accompli depuis Antoine Duprat jusqu'à Guillaume Du Vair. Il nous fait voir de combien les Pasquier, les Arnaud et les Marion l'emportent sur les trois orateurs du règne de François Ier, Guillaume Poyet, François de Montholon et Pierre Lizet.

II

Massacres de Cabrières et de Mérindol. — Procès du baron d'Oppède et de l'avocat général Guérin. — Plaidoyer de l'avocat du roi Jacques Aubery. — Le conseiller clerc Anne Dubourg.

Au-dessus des trois avocats qu'illustra le procès du connétable de Bourbon, plaçons un orateur trop oublié de la postérité, l'avocat Jacques Aubery.

Qui de nous connaît Jacques Aubery? Loisel ne le nomme qu'en passant dans son *Dialogue des Avocats*, L'histoire n'a pas gardé son nom, et pourtant Michel de l'Hôpital a vanté son éloquence; Ramus l'a comparé aux plus grands maîtres de l'antiquité, et Henri II le destinait à de hautes fonctions si la mort n'eût brusquement interrompu sa carrière. Jacques Aubery est l'avocat qui soutint l'accusation dans la lugubre affaire de Cabrières et de Mérindol ([1]).

Né au bourg de Cromières, près de la Flèche, à la fin du quinzième siècle, Jacques Aubery, après avoir fait ses

---

([1]) « La cause de Cabrières et de Mérindol fut aussi l'avancement de Mᵉ Jacques Aubery, angevin; en ce qu'ayant été créé avocat général en cette cause, il en fut fait lieutenant civil : car dès auparavant il *avait acquis le bruit d'un grand et louable avocat, subtil et bien agréable.* » (Loisel, *Dialogue des Avocats*, 3ᵉ conférence.)

études au collége de la Flèche, était venu étudier le droit à Paris et s'était fait recevoir avocat au Parlement. Nous l'y voyons bientôt chargé de causes considérables. En 1537, il plaide pour l'évêque d'Angers contre l'avocat Gilles Lemaistre. Peu après il se fait remarquer dans un procès contre le connétable de Montmorency. Enfin, en 1550, il reçoit du roi Henri II la mission spéciale de représenter le ministère public dans le procès intenté au baron d'Oppède èt à ses complices (¹).

Le procès du baron d'Oppède avait été légué par François Ier à Henri II (²); triste héritage, qui devait dévoiler l'intolérance fanatique et la froide cruauté des prétendus défenseurs de l'orthodoxie, en même temps que l'horreur des persécutions ordonnées ou permises par un roi malade, aigri ou trompé.

Les Vaudois de Provence, restes de ces chrétiens des Alpes déjà proscrits au quatorzième siècle, cultivaient paisiblement le territoire qui s'étend aux environs d'Apt et de Vaucluse, sur les confins du comtat d'Avignon. Sobres, patients, laborieux, ils avaient fertilisé des terres incultes; et libres dans leurs bourgs et dans leurs villages, ils pratiquaient naïvement la foi de leurs pères et de leurs pasteurs.

Quand l'explosion de la Réforme eut excité les craintes

(¹) V. Hauréau, *Histoire littéraire du Maine,* vol. Ier. (Notice sur Aubery.)

(²) « Toutesfois le Roy venant à mourir et se repentant de tant d'exécutions sanglantes faites sans son nom et adveu, il donna charge au roi Henri II, son fils, de s'informer particulièrement de tout ce qui avoit été fait en cette affaire par le Parlement d'Aix. » De Thou.

et les poursuites du pouvoir royal, les montagnards de la Provence furent troublés jusque dans leurs retraites. Le Parlement d'Aix leur fit enjoindre d'abjurer leurs croyances ou de quitter le pays. Les Vaudois étant restés sourds à cet avis, le Parlement obtint des lettres de François Ier, qui portaient ordre d'agir contre eux selon les lois, *in eos legibus agatur*. Après une citation restée sans effet, le Parlement condamna par contumace une vingtaine d'habitants du Mérindol à être brûlés vifs, vouant leurs femmes et leurs enfants à la servitude et les livrant à qui pourrait les saisir. Effrayés de cet arrêt, quelques paysans prirent les armes et pillèrent même un couvent. La lutte allait éclater, quand Sadolet, évêque de Carpentras, et Chassanée, premier président du Parlement de Provence, intervinrent d'eux-mêmes en faveur des pauvres Vaudois. L'orage n'était pourtant pas détourné. Après la mort de Chassanée et le départ de Sadolet, le nouveau président du Parlement d'Aix réveilla les défiances et les colères assoupies. Gouverneur du pays en l'absence du comte de Grignan, le premier président d'Oppède accusa les Vaudois auprès de François Ier; il représenta ces malheureux comme des sacriléges et des rebelles; et secondé par le cardinal de Tournon, il obtint du roi une déclaration qui le chargeait d'en purger la Provence. Il avait, dit-on, des injures personnelles à venger sur ces peuplades inoffensives ([1]).

([1]) D'Oppède, à ce que l'on rapporte, voulait se venger sur les Vaudois du refus qu'une de leurs suzeraines, la dame du Cental, avait fait de sa

Une petite armée formée de bandes du Piémont, de milices bourgeoises enrôlées à Aix et à Marseille; des soldats du vice-légat d'Avignon auxquels s'étaient joints des aventuriers et des fanatiques, envahit le pays des Vaudois. D'Oppède était à la tête des troupes et avait pour lieutenants l'avocat général Guérin et le baron de La Garde. Il n'y eut ni résistance ni combat : les Vaudois surpris furent massacrés. Ceux qui échappèrent s'enfuirent dans les bois et dans les montagnes. Mérindol, vide d'habitants, fut livré aux flammes.

Continuant le cours de ses succès, le président d'Oppède marcha sur Cabrières. La place, qui était fortifiée, essaya vainement de se défendre; ses défenseurs durent ouvrir leurs portes. D'Oppède leur avait promis la vie sauve; il les fit tous passer au fil de l'épée. Vingt-deux villages furent envahis et livrés aux flammes : plus de deux mille personnes furent exterminées; les femmes et les enfants devinrent la proie des égorgeurs. Le peu qui survécut fut vendu par les soldats à des capitaines de galères comme des esclaves. Cette contrée hier si calme et si florissante n'était plus qu'un désert ensanglanté, jonché de ruines et d'ossements.

main. La dame du Cental intervint plus tard au procès intenté contre d'Oppède par le ministère de l'avocat Jean Jacquelot. Loisel cite ce Jean Jacquelot comme un avocat médiocre : « Encore que Me Jean Jacquelot eût acquis quelque nom pour avoir plaidé en la cause de Cabrières et de Mérindol, si n'était-il que du commun... » — De Thou dit « que d'Oppède était animé contre les habitants de Cabrières, qui lui avaient fait tort en quelques héritages qu'il avait auprès d'eux. »

A la nouvelle de cette épouvantable exécution, la cour et le roi furent, dit-on, frappés de stupeur. En vain le cardinal de Tournon loua-t-il le baron d'Oppède ; en vain le pape Paul III écrivit-il en termes flatteurs au farouche champion de l'orthodoxie catholique, François Ier mourant recommanda à son fils d'instruire cette affaire et d'examiner la conduite du premier président du Parlement de Provence ([1]). Plusieurs seigneurs de ce pays dévasté portèrent eux-mêmes requête à Henri II contre le président d'Oppède.

La cause, évoquée d'abord au conseil du roi, fut renvoyée par le conseil à la grand'chambre du Parlement de Paris, « qui par là se trouva pour la première fois juge au criminel d'un autre Parlement » ([2]).

Les débats commencèrent le 18 septembre 1551. Pierre Séguier, avocat du roi, devait porter la parole contre l'accusé et ses complices ; mais d'Oppède le récusa, sous prétexte qu'au début de l'instruction il l'avait pris comme conseil de défense. Henri II désigna donc Jacques Aubery pour remplacer Pierre Séguier, et lui écrivit, en lui confiant ce poste redoutable, qu'il lui serait reconnaissant plus tard de l'avoir accepté.

Aubery justifia la confiance du roi : il fut à la hauteur de sa tâche ; et sa parole grave, mais brûlante, con-

---

([1]) François Ier avait cependant, sur les instances du cardinal de Tournon, approuvé par lettres-patentes du 18 août 1545 tout ce qui avait été fait contre les Vaudois et accepté la solidarité de cet odieux attentat. (V. Henri Martin, t. VIII, p. 336.)

([2]) V. Voltaire, *Histoire du Parlement*, chap. XIX.

vaincue, indignée, fit pénétrer dans toutes les âmes une pitié sympathique pour les victimes, une haine généreuse pour les bourreaux.

N'était-ce pas déjà un grand spectacle que de voir le premier président du Parlement de Provence, l'avocat du roi au même Parlement, des conseillers, des gentilshommes traduits à la barre de la chambre criminelle, publiquement accusés, sans que leur rang et leur caractère leur assurât le privilége d'un tribunal extraordinaire ?

Le plaidoyer d'Aubery, que nous possédons tout entier, insiste dès le début sur la publicité donnée au procès de l'exterminateur des Vaudois. En effet, fut-il jamais cause plus importante ? « Elle semble aujourd'hui une des plus grandes qui se soient offertes au jugement depuis le commencement de ce royaume de France. La raison de cette grandeur est d'un côté la considération d'ouvrir la guerre et de découpler les armes à feu et à sang dedans le royaume, que nous disons n'appartenir qu'au Roi : encore à grand'peine se le permet-il, soit contre ses sujets, soit contre ses ennemis. D'un autre côté, le prétexte de la foi chrétienne et la défense d'icelle contre la force et la fureur des hérétiques, qui sont les plus grandes délibérations qui pourroient se prendre dans un État : c'est à savoir *de la guerre domestique* et *de la religion*; et il n'y a si puissant prince quand il tombe en l'une ou en l'autre qui n'ait bien affaire de la meilleure partie de son conseil. Ici elles sont toutes deux pour aviser par *quelle force* il faut soutenir *la religion* et par *quelle religion* il faut conduire *la force.* »

Aubery résume par cette antithèse les deux raisons qui donnent au procès du baron d'Oppède une portée si considérable. Ce ne sont pas seulement les seigneurs du pays désolé et les parents des victimes, c'est la France entière que ce procès intéresse. Une telle cause ne pouvait donc être plaidée qu'en la Cour du Parlement de Paris, la plus grande Cour du royaume; et plaidée non pas à huis clos, mais à *huis ouvert,* devant une assemblée qui représentât la France elle-même : « Par l'ancienne ordonnance et usage de la Cour de céans, toutes causes criminelles de grand exemple doivent être plaidées en cette grand'chambre et à huis ouvert..... Et semble ceci être un relique de l'antiquité grecque et romaine, laquelle institua que les accusations des grands crimes se plaideroient et jugeroient devant tout le peuple, non en une salle ni à couvert; mais à ce que toute la ville, voire tout le pays, y pût assister en une grande place publique au découvert, *comme en un théâtre de justice.* A Athènes, c'étoit un petit mont nommé Aréopagus, où étoient les sages, de là nommés aréopagites, qui jugeoient les crimes, *idque in subdiali loco.* A Rome, c'étoit en une grande place de la ville, *pro rostris,* aussi à découvert. » Et pourquoi dérouler ces débats devant le public ? « C'est que le Roi a grand intérêt et très grand que tout le monde et dedans et dehors le royaume sache et entende s'il est vrai que le feu roi son père ait commandé cette exécution ; et s'il est vrai, pour quelle raison il l'a fait, afin que sa mémoire soit purgée de l'imposture de ses détracteurs. D'autre part, les intimés n'ont-ils pas intérêt de faire sonner aux oreilles de tous que ce qu'ils ont fait a été bien délibéré et raisonnablement exécuté par bon et juste commandement, si ainsi est, afin que par leurs défenses ils sauvent tout ensemble et leur innocence et la réputation du feu roi ? Est-il pas bien meilleur pour les intimés, que s'ils sont en voie d'absolution, ils se puissent vanter d'avoir passé par le plus noble auditoire qui soit sous le ciel et d'y avoir été éprouvés comme l'or en la fournaise ? Si au contraire ils sont coupables, le Roi veut, et à bonne raison, que tout le monde entende les moyens de leur condamnation..... *De leur droit ou de leur tort seront témoins et presque juges non seulement vous, Messieurs, mais aussi tout le peuple.* Cela se pourroit-il commodément faire sinon par cette plaidoirie publique, qui encore ne peut-être si publique ni si ouverte qu'elle ne semble sourde et trop cachée pour la grandeur de l'affaire, pour laquelle il n'y a lieu qui ne soit trop petit, ni temps qui ne soit trop court ? » Tel est l'exorde qui, sauf un hors-d'œuvre sur l'aréopage et les aréopagites, est digne par sa gravité, sa fermeté, sa convenance, du lieu, de l'orateur et du sujet.

Aubery précise alors l'accusation et définit nettement les actes qui sont reprochés au baron d'Oppède et à ses complices. « Tout ce que nous entendons blâmer au fait

des intimés est d'avoir ruiné un pauvre peuple, femmes
et enfants, non hérétiques, non jugés ni connus comme
tels ; et en ce faisant avoir laissé à exécuter et persécuter
les méchants hérésiarques : en somme d'avoir tué les
pauvres brebis et laissé échapper les loups ; tué, dis-je,
par guerre ouverte, à enseignes déployées, sans jugement
ni discrétion. » Ce qu'Aubery reproche donc au baron
d'Oppède, c'est moins d'avoir commis ces atrocités que
d'avoir égaré ses coups et immolé l'innocent en épargnant
le coupable. Que n'a-t-il, au lieu des brebis, exterminé le
loup, c'est-à-dire *le méchant hérésiarque?* On voit que l'avocat du roi ne soutient pas précisément la tolérance : mais
il faut songer que plusieurs des juges auxquels il s'adresse
ont déjà fait brûler des hérétiques avec Lizet, et sont prêts
à défendre encore la foi par des arrêts et des supplices.

La narration est simple et touchante. L'orateur peint
les vertus, les mœurs paisibles de ces honnêtes paysans,
purs comme l'herbe des Alpes (¹); il les représente occupés
à leurs travaux champêtres, fidèles à Dieu, fidèles au Roi,
tandis qu'autour d'eux s'agitent les intrigues des puissants et des ambitieux. Malheureusement la Provence est
le pays de France le plus éloigné du siége de la couronne.
« Cet éloignement du grand siége et de la plus fréquente
habitation du Roi a été en partie cause (comme il est
croyable) du désordre tant de la part des grands que de
la part du populaire. Car les puissants qui ont le gouver-
nement et les magistrats en sont plus licencieux et plus

(¹) Michelet.

entreprenants, se sentant si loin du *grand correcteur,* que le pauvre opprimé n'a faculté ni moyen d'en apporter sa plainte jusqu'ici ; ou s'il l'apporte, ce lui est une seconde oppression de travail et de frais, à cause de si long chemin. » Le peuple de Provence est laborieux, « mais grossier d'esprit et de nulle érudition, conséquemment facile à tourner..... Ce pauvre peuple, mal pourvu de bons prêcheurs, et (comme nous le voyons par le procès) les pasteurs trop endormis, a été assailli de deux manières de loups : les uns vieux, les autres nouveaux. Les vieux sont les Vaudois... les nouveaux loups sont disciples de Martin Luther, qui tiennent école d'erreur à Genève, assez voisine de ce pauvre peuple de Provence (^{1}). » Faut-il s'étonner que de braves gens, simples, sans défense, aient ajouté foi aux prédications des hérétiquès, qui venaient les abuser et les séduire? « Vous entendrez que quelques pauvres prisonniers interrogés ont répondu à Messieurs du Parlement de Provence qu'ils avoient cru ce qu'on leur avoit prêché ; et qui leur prêcheroit autre chose, ils le croiroient. Qui eût donc pris les loups et les prédicants, il n'eût été besoin de tuer tant de pauvres brebis. C'est ce qui peut être du fait en général. » Aubery fait très bien ressortir la droiture de ces âmes

---

(^{1}) En 1532, un synode avait été tenu dans une des vallées vaudoises du Piémont. Farel, le réformateur de la Suisse française, y représentait la nouvelle Église. Les humbles croyants des Alpes s'y laissèrent gagner aux principes du protestantisme. Dès lors les Vaudois provençaux se départirent de la réserve qu'ils avaient gardée si longtemps et attirèrent sur eux les poursuites de l'Inquisition. (V. Henri Martin, *Histoire de France,* t. VIII, p. 328.)

abusées, la naïveté de ces laboureurs ignorants, sans défense contre l'erreur qui leur est prêchée, chrétiens sincères, transformés par de faux rapports en profanateurs des choses saintes, en impies et en factieux.

Le rempart derrière lequel se retranchaient les accusés, c'était l'ordre formel du roi d'extirper l'hérésie et de purger la Provence de sujets rebelles. C'était le principal argument de la défense, c'était le grand obstacle à l'accusation. Parlant au nom de la loi et de l'humanité outragées, mais voulant respecter la personne royale et la dégager de toute solidarité dans le crime, l'avocat du roi avait donc une tâche délicate à remplir. Aussi bien Aubery s'attache-t-il à mettre en opposition la conduite du baron d'Oppède avec les intentions et les ordres mêmes de François Ier. Après avoir fait l'historique des mesures ordonnées contre les pauvres paysans de Provence, il montre combien le roi était éloigné des traitements arbitraires et cruels auxquels on n'a pas craint d'avoir recours. « Ici, dit-il, faut noter que voilà un chemin montré par le roi à messieurs de Provence, que s'ils l'eussent suivi, nous ne serions en cette peine. Car quelque plainte, quelque rapport qu'ait ouï le roi de la multiplication des hérétiques, si ne lâche-t-il la bride de procéder autrement que par voie de justice et ne permet que l'on juge un seul homme à mort, sinon par le nombre de juges tel qu'il suffit à faire arrêt ; et que l'on ne baille la question si elle n'est délibérée et jugée par cinq ou six juges. »

Les magistrats du Parlement de Provence n'ont pas compris les volontés du roi ; ils les ont dénaturées, ils les ont mal appliquées, ils les ont transgressées.

Informé que les procédures étaient impuissantes à réprimer la propagation de l'hérésie, François Ier s'était décidé à employer la force puisque la raison n'était pas écoutée. Mais le baron d'Oppède, l'avocat général Guérin et leurs complices étaient-ils autorisés à déchaîner sur ces populations égarées les supplices, l'incendie et le carnage ? Ils ont changé des mesures de sévérité en une implacable extermination. Au nom de la religion et de la justice, ils ont commis tous les excès, osé tous les crimes. Ils n'ont respecté ni la faiblesse du sexe, ni l'innocence de l'âge, ni le repentir et le malheur. Quel ennemi eût été plus cruel ?

Il faut lire dans le plaidoyer d'Aubery la vive et frappante peinture du sac de Cabrières : « Furent battues leurs murailles à coups de canon tout le dimanche et jusques au lundi environ sept heures du matin que la brèche fut faite, et lors se rendirent... Le lundi matin furent les portes ouvertes et y entrèrent les susdits (vice-légat d'Avignon ; sieur Meinier, baron d'Oppède ; évêque de Cavaillon ; sieur de Cabrières et capitaine Polin), et de leur armée ce qu'ils voulurent. » A peine entrés, ils prennent environ dix-huit hommes « auxquels on lie les mains derrière le dos, et tous ensemble liés sont menés en un petit pré hors de la muraille de la ville ; et sitôt qu'ils sont en ce pré, quelqu'un commence à crier : Tue, tue ! — et incontinent sont taillés en pièces ces pauvres hommes tous liés, présent et assistant monsieur d'Oppède et commandant de le faire, ce disent quelques témoins... Ce fait, ils vont à l'église du lieu où s'étoient retirées les personnes dignes de miséricorde, les femmes et les enfants ; prennent sept ou huit des plus vieilles, qu'ils mettent en un fenil, qui étoit sur une étable, pour les brûler là toutes vives. Ces pauvres vieilles femmes sentant le feu et se voulant sauver, sautent en bas par une fenêtre qui étoit en ce fenil ; mais les soldats étoient au-dessous qui les recevoient sur les pointes des pertuisanes et des épées et les tuèrent toutes, ce disent plusieurs témoins... Les jeunes femmes et les filles deviennent la proie des soldats qui les violent en ladite église, publiquement et devant tous. Une de ces infortunées, après avoir été forcée, fut menée au clocher et puis les soldats la jetèrent du haut en bas... Si que tout passe par le glaive, ou par la servitude, ou par le rapt, tant que là il fut tué environ neuf cents âmes. L'avocat Guérin, qui y étoit, m'a dit qu'il pense avoir été tué dans cette église quatre ou cinq cents pauvres âmes de femmes et d'enfants, combien que la fureur dut cesser après la prise des principaux et les premières tueries, capables d'assouvir les plus cruels. Quelques témoins disent (ce que je n'ose croire) que monsieur d'Oppède, quand on lui menoit quelque homme ou quelque femme de Cabrières, commandoit aux soldats de tuer tout. »

Quel épouvantable récit et quelle saisissante peinture !
Ce n'est pas un de ces *lieux communs* que raille César
dans Salluste ([1]), un de ces récits d'imagination où l'on
énumère pompeusement les accidents et les malheurs
réservés d'ordinaire aux peuples vaincus. Ici, point de
phrases vagues, point de détail oiseux et banal. Tous les
faits sont précis, les détails en sont confirmés par des
témoins ou fournis par les accusés. Le théâtre restreint
de l'exécution a permis, du reste, de compter les forfaits
des bourreaux et de distinguer le sort des victimes.
L'orateur n'a pas besoin d'imaginer les scènes navrantes
qui suivent la défaite d'un parti ou la prise d'une ville.
L'avocat Guérin et ses sicaires racontent eux-mêmes
leurs tristes exploits. Que pourrait ajouter l'imagination
à la triste réalité ?

Les juges et les assistants ont sous les yeux le spectacle de Mérindol en cendres, de Cabrières saccagé, de
vingt-deux villages anéantis, et d'une population entière
qui se jette elle-même dans l'exil ou dans la mort pour
échapper aux barbaries d'une horde de forcenés ([2]).
L'orateur peut alors se demander si c'est là un châti-

([1]) « Plerique eorum, qui ante me sententias dixerunt, composite atque
magnifice casum rei publicæ miserati sunt ; quæ belli sævitia esset, quæ victis
acciderent enumeravere : rapi virgines, pueros ; divelli liberos a parentum
complexu ; matres familiarum pati quæ victoribus collibuissent... Sed, per
deos immortales, quo illa oratio pertinuit ? » (*Conjurat. Catilin.*, chap. LI.)

([2]) Un grand nombre de Vaudois se précipitèrent du haut des murailles,
se poignardèrent ou se pendirent aux arbres pour échapper aux odieux
traitements de leurs persécuteurs. (V. Henri Martin, t. VIII, p. 334.)

ment ou un massacre, un acte de sévérité ou de barbarie, et si les nécessités de la justice peuvent excuser de pareilles exécutions. Il faut lever le masque de religion sous lequel se cachent des assassins et des incendiaires ! Il faut dévoiler l'hypocrisie et la lâcheté des magistrats prévaricateurs ! Dans une pathétique péroraison, l'avocat invoque contre les juges du Parlement d'Aix ces lois d'humanité et de clémence dont ils devaient être les premiers gardiens. Qui serait assez aveugle, qui serait assez sourd pour rester insensible aux cris des victimes qui les accusent, à la vue des ruines qui témoignent contre eux ?

« Qui sera l'aveugle qui ne verra le feu brûlant dans vingt-quatre villages ? Qui sera le sourd qui n'entendra le cri et le bruit de la défaite de Cabrières, *ploratus et ejulatus* des femmes et des enfants tués jusque sur l'autel, des filles ravies, des maris qui voient forcer leurs filles et leurs femmes ? Qui sera si endurci de contenir ses larmes sur ces troupes de femmes et d'enfants qui sont morts de faim, rongeant l'herbe par les champs comme des bêtes ? Qui sera le gendarme si inhumain qui voudra exercer sa cruauté par le fer, par le feu et par la famine, sur ceux auxquels les plus barbares ont pardonné ? Cela se peut-il couvrir du manteau de la justice ?... Cela peut-il sembler avoir été pesé à la balance de Justice, qui est si prudente et si délicate, qu'une demi-once, un scrupule, la fait tourner où elle doit ? J'appelle à témoin sa peinture que je vois là sur vos têtes : elle tient l'épée d'une main, la balance de l'autre, pour montrer que son épée ne va que par compas et à un quart d'once près ; elle fait mourir le père, sauve le fils ; elle extermine la femme et sauve le mari. Permettrez-vous donc que l'épée de la justice soit changée à l'épée de la guerre qui coupe tout sans balance et sans discrétion, et qui sont si contraires, que jamais l'un ne fait son office que quand l'autre n'y est pas ?... Ne dites point que sans en user comme on a fait, les hérétiques demeureroient les plus forts en Provence. Car je n'ai jamais vu par tout votre catalogue d'hérétiques un homme de plus haute qualité qu'un paysan ou artisan mécanique !... Ne permettez donc pas, Messieurs, que les étrangers puissent reprocher à la sacrée couronne de France fleurissante de triomphes et de victoires, mais aussi enrichie sur toutes les autres de clémence et d'humanité, qu'elle ait commandé cette cruauté sur un pauvre peuple imbelle, mêmement (¹) sur le sexe et sur l'âge, indigne de la colère de notre Roi. »

Les accents de cette généreuse éloquence purent rappeler parfois aux auditeurs les accusations de Cicéron contre Verrès. L'orateur qui n'avait acquis jusque-là que « le bruit d'un louable avocat subtil et bien agréable (²) » s'était élevé en quelque sorte au-dessus de lui-même dans ce grand procès. C'est en entendant Aubery que L'Hôpital comprit toute la puissance de la parole humaine

---

(¹) Expression latine. *Maxime*, surtout, mêmement.
(²) Loisel, *Dialogue des Avocats*.

et l'ascendant que les anciens orateurs exerçaient sur le peuple dans les républiques de Rome et d'Athènes. « Cette cause, écrivait-il en vers latins au garde des sceaux Olivier (¹), cette cause m'a montré ce que pouvait l'éloquence dans les villes romaines et grecques... Aubery a déroulé sous nos yeux la longue histoire des infortunés qui subirent une mort indigne. »

> Quid Romana bonus, quid Græca per oppida rhetor
> Eloquio potuit, quo non traducere plebis
> Nutantes animos, quas non aut vincere causas,
> Hæc facile ostendit magnis agitata clientum
> Et patronorum clamoribus ardua causa.
> Non de re, non de repetundis denique nummis,
> Sed de vi potius, de cæde stuproque pudicis
> Matribus oblato et vinctis sine crimine cæsis.
> Nam longam historiam pulchro simul ordine cæpit
> Auberius recitare, viros et morte peremptos
> Indigna, raptasque soluto crine puellas
> Et late miseris subjecta incendia vicis.
> O qui tum gemitus, o quæ suspiria ab imis
> Exaudita fere gradibus portisque Palatî :
> Omnes exquisita reis et summa precari
> Supplicia.....

Le baron d'Oppède avait choisi pour avocat Pierre Robert. C'était un orateur alors en crédit. « Non qu'il fut par advanture plus savant que ses compagnons, dit Loisel ; mais il étoit homme d'une belle présence, voix et

(¹) François Olivier « avait hanté le barreau en même temps que G. Poyet » et devint chancelier après lui. F. de Montholon tint les sceaux dans l'intervalle de l'arrestation de Poyet à la nomination d'Olivier.

action, disoit assez heureusement et se faisoit plus estimer par son sens naturel, que par son étude et son travail. » Il déclara qu'il voulait venger l'innocence de M. le baron d'Oppède des imputations et des calomnies de ses ennemis, et s'attacha à démontrer que le président du Parlement de Provence avait dû garder *la dignité du roi par ordre duquel il agissait* (¹).

L'Hôpital traduit énergiquement dans ses vers l'impression du public, quand il vit se lever l'avocat du baron d'Oppède :

> . . . . . Robertus
> Occupat : indignari omnes quod surgere contra
> Audeat : admirari etiam quid dicere possit (²).

Malgré cette indignation unanime, malgré l'éloquent plaidoyer d'Aubery, malgré l'évidence des crimes qui retombaient sur l'accusé, l'issue de ce procès trompa l'attente générale. « Exitus judicii spem omnium frustratus est, » dit de Thou. Le baron d'Oppède et les conseillers du Parlement d'Aix furent absous. Seul l'avocat général Guérin expia la faute de tous : il fut condamné à mort (³).

(¹) Le baron d'Oppède avait composé lui-même pour sa justification un plaidoyer écrit, tendant à prouver qu'il n'avait fait qu'exécuter les ordres précis du roi. Ce plaidoyer commençait par le texte du psaume : «*Judica me, Deus, et discerne causam meam de gente non sancta.* »

(²) *Michael Hospitalius ad Franciscum Olivarium, Franciæ cancellarium, de causâ Merindolii.*

(³) « C'est à cet avocat, dit Voltaire, qu'on amenait les prisonniers. Il leur faisait réciter le *Pater noster* et l'*Ave Maria* pour juger s'ils étaient héré-

La protection du duc de Guise et les sollicitations du comte de Grignan avaient puissamment contribué à sauver le coupable. Mais la conscience publique ne ratifia pas le jugement de la Cour. Quand le président d'Oppède mourut quelques années après, le grave historien de Thou vit la main de la colère divine dans le genre de mort qui l'avait frappé : « Sævis intestinorum doloribus vexatus, crudelem animam inter crudelissimos cruciatus exhalavit, et meritam pænam, quam judices non exegerant, serius, sed eo graviorem Deo pependit. » Ainsi l'honnête magistrat veut du moins que la justice de Dieu venge par sa rigueur ici-bas les complaisances intéressées et les défaillances blâmables de la justice des hommes.

Chose étrange ! Pierre Robert, l'avocat du baron d'Oppède eut une fin tragique et sembla porter la peine de sa plaidoirie contre les Vaudois. Après avoir attaqué les hérétiques de Provence, il embrassa la Réforme et devint hérétique à son tour : après avoir défendu le cruel soldat de l'orthodoxie, il défendit le chef des protestants, le prince de Condé. « S'étant fait de la religion prétendue réformée, dit Loisel, il fut employé par M. le prince de Condé, aïeul de M. le Prince, au fait de la déclaration de son innocence ; depuis lequel temps, il fut toujours recherché par ceux de cette religion : ce qui lui coûta la

---

tiques : et quand ils récitaient mal ces prières, il criait *tolle* et *crucifige* et les faisait arquebuser à ses pieds. Le soldat français est quelquefois bien cruel ; et quand la religion vient encore augmenter cette cruauté, il n'y a plus de bornes. » (Voltaire, *Histoire du Parlement,* chap. XIX.)

4

vie. » Il fut tué en 1572, le jour de la Saint-Barthélemy.

Henri II, pour reconnaître le service qu'avait rendu l'avocat Aubery à la Couronne et à l'État dans le procès du baron d'Oppède, le nomma lieutenant civil au Châtelet. C'était lui confier un poste important dans la magistrature. Le lieutenant civil du prévôt de Paris jugeait en première instance toutes les affaires de famille, sauf celles des princes du sang, et pouvait s'opposer à l'exécution des sentences rendues dans les siéges ressortissant au Châtelet.

Bien que lieutenant civil, Aubery eut cependant encore l'occasion de plaider au Parlement et y fit la fortune de son adversaire, l'avocat Jean de Villecoq. Ce Jean de Villecoq, rapporte Loisel, « plaidoit avec une telle assurance qu'encore que bien souvent sa cause ne valût rien, toutefois il lui sembloit qu'on lui faisoit grand tort de la lui faire perdre. » Or, il fit un jour « une plaidoirie pour un appelant du lieutenant civil Aubery, en laquelle il parla si librement, je n'ose dire aigrement, qu'Aubery s'en tenant offensé, présenta sa requête au Parlement pour en avoir réparation, et vint lui-même plaider sa cause. A quoi de Villecoq répondit sur-le-champ si pertinemment que les parties furent mises hors de cour et de procès; et depuis ce temps Villecoq fut assez recherché. » C'est presque un éloge pour Aubery que cette considération accordée à l'adversaire capable de lui tenir tête.

Henri II ne se borna pas à lui donner une lieutenance

civile au Châtelet. En 1555 il lui confiait une mission diplomatique en Angleterre auprès de Philippe d'Autriche, fils de Charles-Quint, époux de la reine Marie (¹). C'est ainsi que Louis XI avait envoyé l'avocat Pierre Bataille comme député auprès des ducs de Bourgogne et de Bretagne (1473). C'est ainsi que Henri III chargera Simon Marion du règlement des limites de l'Artois avec les députés du roi d'Espagne (1583).

Le plaidoyer d'Aubery, dans l'affaire du baron d'Oppède, fut publié pour la première fois à Leyde, par le savant hollandais Daniel Heinsius (1619), sous ce titre : *Jacobi Auberii pro Merindoliis ac Caprariensibus actio.* Il était dédié par l'éditeur aux descendants du grand avocat. Une autre édition en fut faite en 1645 par L. Aubery du Mourier (²).

Dans son épître dédicatoire *(Epistola nuncupatoria),* Heinsius accuse la renommée d'avoir été injuste pour un homme « qui fut l'ornement de la France, comme la France est l'ornement du monde », et célèbre la science, le caractère, la vie même de Jacques Aubery. Voici le début de cette épître : « Cæterum quemadmodum non-nullos fama eligit, quos supra alios extollat, ita alios

(¹) Joachim du Bellay a composé un sonnet sur l'ambassade que fit Aubery en Angleterre.

(²) *Histoire de l'exécution de Cabrières et de Mérindol et autres lieux de Provence,* par L. Aubery du Maurier. (Paris, Sébastien Cramoisy, 1645.) Mention y est faite de l'édition donnée par Daniel Heinsius : « Daniel Heinsius Jacobi Auberii orationem latinam pro Merindoliis et Caprariensibus edidit Lugduni Batavorum, anno 1619. »

maligne prædicat, quosdam secure præterit. Inter quos
ponatur ille cujus actionem publico nunc damus : vir,
qui Galliæ hoc fuit quod terrarum orbi est Gallia;
magnum autem famæ opprobrium, a qua nimis parce
est laudatus. Præter summas enim quibus functus fuit
dignitates, ea fuit eruditione, ea scientia, ut quod
celebratus sit a paucis æmulatione videatur factum, quæ
posteritati invidere solet non quæ nescit, sed quæ magni-
tudine ac splendore etiam scriptores prægravant aut
urunt. »

Heinsius accuse la jalousie des contemporains que tout
mérite éclatant offusque. Aubery les avait éclipsés de son
vivant; ils ont voulu du moins l'ensevelir dans les
ténèbres après sa mort. Ramus cependant, l'illustre
Pierre la Ramée, avait, comme L'Hôpital, hautement
admiré l'accusateur du baron d'Oppède. Dans un de ses
écrits, intitulé *Ciceronianus*, il lui rendait ce bel hommage : « J'ai connu deux orateurs françois qui l'empor-
toient de beaucoup sur tous les autres au barreau de
Paris. Je veux parler de Gabriel de Marillac et de Jacques
Aubery, qui me semblent presque avoir égalé tout autre
orateur grec ou romain par le ton grave et la pompe de
leur éloquence (¹). »

(¹) Duos equidem Francos oratores et animi integritate et orationis facul-
tate valde præstantes in foro Parisiensi cognovi, Gabrielem Marillacum et
Jacobum Auberium (ut e mortuis istos sine invidia nunc appellem) qui mihi
quemvis Græcum vel Romanum oratorem dicendi gravitate et magnificentia
æquare viderentur. » (P. Ramus, *Ciceronianus*.)

Si la postérité moins oublieuse rend enfin au talent d'Aubery le tribut d'honneur qui lui revient, elle se gardera, nous l'affirmons, des louanges exagérées que lui décernent Heinsius et Ramus. Elle louera l'élévation de sa pensée, la sincérité de son accent, la fermeté de sa parole; elle pourra rapprocher son discours contre d'Oppède de certains passages des *Verrines*, tout en maintenant les distances; mais elle craindra de lui faire tort par une comparaison maladroite avec les grands maîtres de l'antiquité grecque et romaine. Il suffit à sa gloire d'avoir fait entendre des paroles de paix et de clémence dans une époque de persécutions; d'avoir parlé au nom de tous en flétrissant dans un seul homme l'hypocrisie, le fanatisme et la cruauté.

Huit ans après cette grande affaire, tandis que les querelles religieuses s'envenimaient tous les jours; tandis que les bûchers se dressaient de nouveau pour les hérétiques, tandis que Henri II mal conseillé s'étonnait de la clémence du Parlement, un autre orateur prononça contre les supplices et les bourreaux des paroles plus fortes encore que celles de Jacques Aubery; et il les prononça en présence du roi.

Cet orateur c'est Anne Dubourg, conseiller clerc au Parlement (¹), neveu de l'ancien chancelier Anne Dubourg.

(¹) Les conseillers du Parlement se divisaient en *conseillers laïques* et *conseillers clercs*. Sous le règne de Charles VII, le nombre des conseillers clercs était plus considérable que celui des conseillers laïques. Une ordonnance de Louis XI décida, il est vrai, qu'à l'avenir les clercs et les laïques

On délibérait au Parlement sur la jurisprudence à suivre à l'égard des réformés. Plusieurs magistrats avaient ouvertement professé les principes de la Réforme, ou soutenu des maximes de conciliation qui trompaient l'espérance des persécuteurs. Le roi, accompagné des Guises, se transporta au Parlement, croyant, par sa présence, entraver la liberté de ceux qui devaient opiner encore. Sans se laisser intimider, le conseiller clerc Anne Dubourg rendit grâces à Dieu « de ce qu'il avait amené là le Roi pour être présent à la décision d'une telle cause,... la cause de Notre-Seigneur Jésus-Christ. Ce n'est pas chose de petite importance, s'écria-t-il, que de condamner ceux qui, au milieu des flammes, invoquent le nom de Jésus-Christ... Eh quoi ! des crimes dignes de mort, blasphèmes, adultères, horribles débauches se commettent tous les jours impunément à la face du ciel; et l'on invente tous les jours nouveaux supplices contre des hommes dont le seul crime est d'avoir découvert par les lumières de l'Écriture sainte la turpitude romaine, et de demander une salutaire réformation! » N'était-ce pas reprendre avec plus de franchise et d'énergie la cause qu'avait déjà soutenue Aubery ? Ces courageuses paroles n'étaient-elles pas une nouvelle protestation contre les cruautés du baron d'Oppède ? Un éclatant désaveu de l'éloge qu'à la même heure deux présidents osaient

seraient en nombre égal; mais la vénalité des offices, instituée sou François Ier, rendit cette ordonnance illusoire.

prononcer en face de Henri II et de la guerre des Albigeois et du massacre des Vaudois de Provence?

Anne Dubourg paya de sa vie l'indépendance de son langage. Jeté à la Bastille, dégradé du sacerdoce, après une longue procédure où son avocat, François de Marillac, tenta vainement de le sauver, il fut brûlé en place de Grève. On voit du moins que l'éloquence parlementaire n'a jamais fait défaut, en France, à la cause du droit et de la liberté.

III

La baillée des roses. — Gabriel de Marillac et Pierre Séguier. — Christophe de Thou. — *Le barreau avant Étienne Pasquier*. — Jean des Vaux, Jean du Boisle, Gilles Bourdin, Pierre Brulart, Mathieu Chartier, Charles Dumoulin.

Le défenseur d'Anne Dubourg, François de Marillac, était le dixième d'une famille qui a laissé un nom célèbre dans le barreau et dans l'histoire (¹). Son père était originaire d'Auvergne, comme le père d'Antoine Arnaud et celui de Guillaume du Vair. Depuis Lizet et L'Hôpital jusqu'à Pascal et à Domat, il est curieux de compter le nombre d'hommes éminents que cette rude et féconde province a donnés à la jurisprudence et aux lettres. François de Marillac était surtout estimé, dit Loisel, « en ce qu'il étoit fort à la réplique, mais il fut ravi au milieu de son âge. » Après avoir été l'avocat d'Anne Dubourg, il avait eu l'honneur d'être celui du prince de Condé, quand ce

(¹) C'est la famille de ce maréchal de Marillac qui fit l'éducation militaire du maréchal d'Ancre, s'allia avec la reine-mère contre Richelieu, fut arrêté au milieu de son armée en Piémont, accusé de concussion, condamné et décapité. « Il ne s'agit en mon affaire, disait le maréchal, que de foin, de paille, de bois, de pierres et de chaux. Il n'y a pas là de quoi fouetter un laquais. »

prince fut accusé par les Guises d'être l'auteur de la conjuration d'Amboise.

Son frère, Gabriel de Marillac, nommé avocat du roi en 1543, est l'orateur que Ramus comparaît, avec Aubery, aux plus éloquents personnages de l'antiquité. Guy Coquille loue surtout sa science et sa probité. « Ce très savant et très homme de bien, M. Gabriel Marillac, advocat du roi en Parlement, bon régent des jeunes advocats, qui assistoient aux plaidoiries du Parlement, » dit-il en lui empruntant une maxime de droit français (¹).

On a conservé le souvenir d'un curieux procès où Gabriel de Marillac plaida avec talent contre Pierre Séguier en 1541. Il s'agissait de la *baillée des roses*.

La baillée des roses était un ancien usage dont l'origine est inconnue et qui subsista jusqu'à la fin du seizième siècle. Au mois d'avril, de mai et de juin, les pairs de France qui avaient un procès au Parlement, offraient des roses aux magistrats. Si plusieurs pairs plaidaient ensemble, c'était à celui dont la pairie était la plus ancienne de présenter les roses le premier. On donnait au président de la grand'chambre six bouquets et six chapeaux; aux conseillers deux bouquets et deux chapeaux; l'avocat qui plaidait à la grand'chambre recevait aussi un bouquet et un chapeau (²). A Toulouse on mettait

(¹) Guy Coquille, *Commentaires sur la coutume du Nivernois,* ch. I, art. 5.
(²) Manuscrit de la Bibliothèque nationale, nᵒ 9821³. V. Chéruel, *Dictionnaire des institutions et coutumes de la France* (Redevances féodales). *« Le*

des jonchées dans toutes les chambres du palais ; et l'on y portait en outre dans de grands bassins d'argent autant de bouquets d'œillets, de fleurs naturelles et artificielles qu'il y avait de présidents et de conseillers en chaque chambre (¹). Était-ce le reste d'une ancienne redevance féodale? Était-ce seulement un hommage rendu au Parlement? Quel qu'en fût le sens, cette coutume était observée aux Parlements de Paris et de Toulouse et donna lieu à plusieurs procès.

En 1541, le duc de Montpensier et le duc de Nevers se disputaient le droit d'offrir des roses au Parlement. Cette querelle, futile en apparence, était bien grave en réalité, puisque c'était au fond une querelle de préséance. Qui aurait le pas au Parlement, du jeune duc de Nevers ou du jeune duc de Montpensier? Ces deux pairs de France encore mineurs étaient sous la tutelle de leurs mères. Marillac plaidait pour le duc de Montpensier et Pierre Séguier pour le duc de Nevers.

Nous ne connaissons des plaidoiries des deux avocats que ce qui se trouve dans l'arrêt du Parlement.

Marillac dit : « que par le roi, Montpensier avoit été érigé en duché et pairie de France. Aujourd'hui étoit

chapeau de roses était une des redevances féodales. Il était aussi d'usage dans certaines provinces de donner à une jeune fille, en la mariant, un chapeau de roses. Elle ne pouvait plus rien réclamer de la succession paternelle : elle avait reçu en mariage tout ce qui devait lui revenir, et le chapeau de roses était le symbole de cette dotation. »

(¹) V. Bernard de La Roche-Flavin, *Treize livres des Parlements de France*. (Bordeaux, 1617, in-fol.)

question de bailler les roses à la Cour, ainsi que, les anciens pairs ont accoutumé faire : vouloient la duchesse et le duc de Montpensier les bailler. » — Séguier répondit : « que les duché de Nevers et comté d'Eu avoient été premièrement érigés en pairie par le roi et premièrement reçus que le duché de Montpensier : et pour ce ladite duchesse et duc de Nevers devoient précéder au dit bail des roses, selon l'ordre de l'érection et réception de la pairie. » —Marillac répliqua : « Il étoit d'accord que lesdits duché de Nevers et comté d'Eu avoient été premièrement érigés et reçus en pairie que le duché de Montpensier : mais il falloit considérer que la dame duchesse et le duc de Montpensier étoient du sang royal, ce que n'étoient pas la dame duchesse et le duc de Nevers : au moyen de quoi iceux duchesse et duc de Nevers ils devoient précéder. Joint que si aujourdhui le roi seoit en son lit de justice accompagné de ses pairs, ledit duc de Montpensier, comme étant du sang royal, seroit au-dessus du duc de Nevers et le précéderoit en session; et a toujours été ainsi gradé; à cette cause au bail des roses devoit précéder. Et sauroit volontiers si aujourd'huy un prince du sang, ores qu'il ne fût pair de France, vouloit bailler les roses à la cour, il ne les bailleroit pas premier que tous les pairs non étant du sang. »

La cour fit gagner le procès au duc de Montpensier et déclara qu' « ayant égard à la qualité de prince du sang, jointe à la qualité de la pairie et à l'ancienne coutume et usance en la session de prince du sang et de pair de France au lit de justice, il pourroit le premier bailler les roses (¹). »

Il nous serait assez difficile, d'après ce bref résumé et sur ce style de greffier, de juger l'éloquence de Gabriel de Marillac et de Pierre Séguier. Nous devons donc nous en rapporter au témoignage des contemporains. On appréciait beaucoup, paraît-il, l'énergie et la vigueur des discours de Marillac. Une épître latine adressée à Lambin, dans le livre intitulé *Epistolæ clarorum virorum,* le loue en ces termes après sa mort : « Mariliacus, regis patronus,... excessit e vita admodum christiane. Postridie funus duxerunt amici et propinqui sine ulla pompa, ut moriens jusserat; sed non sine omnium bonorum lacrimis. Desiderant etiam inimici nunc ejus λόγους ἐπιχειρηματικοὺς καὶ βιαίους καὶ χρειώδεις. »

Marillac eut pour successeur Denys Riant, dont nous savons peu de chose si ce n'est qu'il était « fort rompu

______

(¹) Loisel rapporte un procès semblable qui eut lieu dans la seconde moitié du seizième siècle entre le duc de Nivernois et le connétable de Montmorency. Les avocats étaient *Canaye* et *Mangot.* Ils se distinguèrent l'un et l'autre, dit-il, « en la cause de la préférence des roses, qui se présentoient lors par les pairs de France, Canaye plaidant pour M. le duc de Nivernois et l'autre pour M. le connétable de Montmorency. On n'oublia rien de part ni d'autre de ce qui étoit de l'origine, dignité et excellence des pairies, de l'antiquité et noblesse des comtes de Nevers et du baron de Montmorency, ni de leurs maisons et alliances, de leur vaillance et prouesse, tant contre les ennemis de la foi ès voyages d'outre-mer que pour la défense de la couronne contre ses ennemis, ni de leur fidélité et service envers nos rois. » *(Dialogue des Avocats.)*

aux affaires du Palais, mais ne sembloit pas tant être versé aux bonnes lettres : néanmoins il étoit assez éloquent et très affectionné envers la jeunesse du barreau. » Denys Riant assistait Aubery dans le procès du baron d'Oppède.

Nous sommes mieux renseignés sur le compte de Pierre Séguier. On peut lire dans le *Recueil de plaidoyez notables*, publié à Paris en 1644, deux plaidoyers qu'il prononça, l'un en 1542 pour le connétable de Montmorency, l'autre en 1547 pour la veuve et le fils d'un sieur de Marseilly, assassiné par son vassal. Cette dernière cause fut plaidée en présence de Henri II. « Sire, disait l'avocat, la cause qui se présente devant votre royale Majesté est pour une damoiselle veuve et pour un posthume pupille contre un vassal infidèle, ayant inhumainement et proditoirement occis et meurtri son seigneur de fief. L'Écriture sainte et les lois écrites vous recommandent, Sire, les veuves et orphelins, et, pour vous inviter à les avoir en votre recommandation, les mettent en votre protection et garde comme personnes misérables. Toutefois, puisque la damoiselle et son pupille ont rencontré cette bonne fortune que leur cause soit audiencée en votre présence et prise pour être terminée par votre sacrée Majesté, ils seront relevés de toute misère et heureux à jamais. » Il exposait alors avec force et netteté le meurtre du sieur de Marseilly par son vassal de Pocquaire, et s'écriait : « Voilà un exploit, Sire, tant inhumain, tant prodigieux, que plus ne doit être le sang tant indignement répandu. Il crie vengeance à Dieu et à vous, Sire, *qui êtes le vicaire de Dieu pour en faire vengeance.* »

Dans son argumentation, comme dans son exorde, Séguier invoque encore l'Écriture sainte, et il y joint l'autorité de l'*École*. « Or, dit-il, toute l'*École* convient que si un vassal tient un fief affecté à ses descendants ou collatéraux, la félonie par lui commise contre la personne de son seigneur de fief réunit son fief à la table du fief dominant. » Mais au-dessus de cette autorité, il place la *raison, que l'on dit être la loi écrite au cœur des hommes; le sens commun servant de flambeau* parmi les ténèbres des discussions et des procès. « Et pour ce que vous, Sire, n'êtes sujet aux lois d'autrui, prenez pour guide, s'il vous plaît, la raison naturelle que l'on dit être la loi écrite au cœur des hommes... » Par cette phrase, qui résume presque une doctrine, Séguier, tout en appartenant à la première moitié du scizième siècle, semble se rattacher à la seconde. Sans proscrire les vieilles formules et contester les opinions consacrées, il s'inspire cependant de l'équité et interprète les lois à sa lumière.

Soucieux de la vérité et fort capable de la découvrir par lui-même, Séguier consulte toutefois *l'homme le plus docte de son temps en droit civil et coutumier,* Charles Dumoulin.

Il apprécie ce savant avocat, « lequel n'étoit guère employé ni tant estimé à beaucoup près pendant sa

vie, qu'il a été depuis son décès par ses écrits (¹). »
Pierre Séguier devance sur son compte l'opinion de la
postérité. « Il s'en aidoit fort à propos, dit Loisel, aux
plus grandes affaires ès quelles il étoit employé, prenant
bien la peine de dresser lui-même un mémoire de ce
dont il désiroit s'instruire et de le bailler à Dumoulin
avec quatre ou cinq écus qu'il avançoit de sa bourse,
sur lequel M. Charles Dumoulin donnoit son avis par
écrit raisonné et fortifié d'autorité de droit, de doctrine,
de docteurs et d'arrêts, lesquels M. Séguier savoit si
bien ménager qu'avec ce qu'il y apportoit de sa forme
et de son jugement, qu'il avoit excellent, il se rendoit
admirable en ses plaidoyers et écritures (²). »

Né à Paris en 1504, Pierre Séguier fut nommé avocat
du roi en 1550. La netteté de sa parole et la droiture de
son esprit le désignaient pour ce poste élevé, non moins
que sa science de jurisconsulte. Il avait l'élocution facile
et brillante, la repartie prompte et sensée. Loisel en cite
un piquant exemple. Séguier portait la parole pour le
procureur général dans une cause fameuse où la duchesse
de Valentinois plaidait par l'organe de Christophe de
Thou, au sujet de la terre d'Anet. « Et parce que la

______

(¹) Charles Dumoulin « a tellement marié et approché le droit romain
avec celui de la France, que ceux qui sont venus depuis l'ont suivi comme
leur maître. » (*Dialogue des Avocats*, p. 510.)

(²) V. à ce sujet l'historien Papire Masson : « Petrus Seguierus, tunc advo-
catus et prudentissimus vir, ad Carolum Molinæum mittere solebat honora-
rium aliquot aureorum, ut ex facto proposito sententiam suam scripto
mitteret, majori ut fere sit consulentis emolumento quam consulti. »

cause étoit grande, l'audience fut renforcée de trois présidents de la Cour qui n'avoient point accoutumé de s'y trouver. Sur quoi, Mᵉ de Thou prit le commencement de son plaidoyer, disant que cette nouvelle face de justice extraordinaire l'étonnoit quasi à l'imitation ou façon de Cicéron, quand il commença à parler pour Milon. A quoi M. Séguier, advocat du roi, répondant sur-le-champ, dit qu'à la vérité Cicéron avoit occasion d'avoir peur d'autant qu'en ce temps-là l'audience étoit bordée de gens de guerre; mais au contraire que chacun devoit alors espérer plus de justice, puisqu'elle avoit été renforcée par un grand nombre de gens de cet état. »

Pierre Séguier et Christophe de Thou étaient rivaux de talent et de renommée, « s'avançant également aux premiers degrés de la robe, mais par divers chemins ou moyens. L'un étoit court et nerveux, néanmoins clair et intelligible dans ses plaidoyers, et ne se mettant point tant à tous les jours; l'autre, avec une douceur et facilité plus commune et plus agréable, plaidoit plus souvent et plus longtemps, de sorte que l'on disoit de l'un *multa paucis* et de l'autre *pauca multis*. L'un ne se présentoit jamais que bien apprêté, apportant des autorités de droit et de docteurs plus élaborées ; l'autre avoit l'esprit et la parole plus prompte et le plus souvent ornée de quelques lieux d'humanité, et parfois de vers de poëtes latins et autres passages assez vulgaires, mais toutefois plaisans et agréables aux auditeurs; de manière que tous deux, par divers sentiers, marchoient quasi d'un pas égal. »

Christophe de Thou et Pierre Séguier furent pourvus en même temps d'états de président, bien que Séguier fût déjà avocat du roi et que Chistophe de Thou ne fût encore qu'avocat du commun. « Ce temps-là avoit porté de fameux advocats, écrira plus tard Étienne Pasquier à M. de la Bite, lesquels en moins de trois ans furent diversement appelés aux grands états : Séguier et Riant faits advocats du roi, puis présidents; Aubery, lieutenant civil de cette ville; Christophe de Thou, président de chambre. Vous diriez que la fortune fut alors grosse de toutes ces dignités pour en faire une si ample et féconde portée, que depuis (comme si elle en eût été recrue) le passage en a été presque clos aux autres (¹). »

Christophe de Thou, qui « de l'état d'avocat privé étoit de plein sault fait président de chambre », justifiait ce choix exceptionnel par son rare mérite. Tout jeune encore, il s'était concilié la faveur du président Lizet, « lequel en propos communs l'appeloit ordinairement son fils pour une amitié spéciale qu'il avoit en lui entres tous autres advocats. » Cette haute protection ne lui donna pas une *petite vogue* au Palais, « outre que de soi-même il étoit assez disposé *à faire grand.* » A peine -âgé de dix-huit ans, il avait plaidé sa première cause (²),

(¹) Œuvres complètes d'Ét. Pasquier. (*Lettres,* liv. VII, lett. 10.)

(²) On pouvait être avocat à dix-sept ans. Ainsi La Roche-Flavin, avocat à dix-huit ans, reçu conseiller au Parlement de Toulouse à vingt-deux ans, trouva, dit-il, des amis « qui lui prêtèrent plus volontiers des années que n'eussent fait des escus. » (*Treize livres des Parlements,* par Bernard de La Roche-Flavin, liv. III, chap. I.)

« auquel état il continua par plusieurs années, chéri et honoré grandement de tous. » Nous avons vu que Diane de Poitiers, la toute-puissante favorite, l'avait choisi pour avocat dans son procès touchant la terre d'Anet. Devenu président, il apporta tant de diligence à la *vidange des procès,* « que dès lors du premier semestre les prisons de la conciergerie se trouvoient vides de prisonniers, qui fut cause que le geôlier fut contraint de demander provision à la Cour du Parlement pour nourrir ses serviteurs et payer leurs gages, parce que ses pensionnaires lui failloient. » Le 5 décembre 1562, M. le premier président Lemaistre étant mort, le roi choisit Christophe de Thou pour le remplacer, « par la nécessité que l'on avoit d'un homme qui maniât le cœur du peuple. » Car les troubles étaient grands alors en France et à Paris : la licence de la populace croissait tous les jours, et la royauté avoit besoin de serviteurs intègres et fermes qui eussent à la fois l'estime des grands et la *bonne grâce du peuple.*

Le premier président Christophe de Thou aimait les lettres et les cultiva jusqu'à la fin de sa vie sans se laisser distraire de ses études par les affaires ou les honneurs. « Un an auparavant son décès, dit Pasquier, comme j'étois, de sa grâce, vu de bon œil par lui, je le surpris lisant attentivement les Oraisons de Cicéron contre Verrès, ayant d'un côté le livre et de l'autre ses brouillons dans lesquels il recueilloit sommairement les passages dont il se vouloit aider. » Ce goût du premier président pour les lettres anciennes ne contribua pas

pas peu, paraît-il, à maintenir et à propager la mode des citations. « Et parce qu'il étoit homme nourri non seulement en la loi, mais aux bonnes lettres ès quelles il prenoit grand plaisir, aussi l'on commença sous lui à entremêler les plaidoiries de l'un et de l'autre : ce qui ne se faisoit auparavant, demeurant le commun des advocats dedans les bornes du droit écrit. » Ronsard était alors dans la première saison de son talent et de sa renommée, et de Thou, qui était avec L'Hôpital un de ses plus fervents admirateurs, faisait reconnaître au Palais la souveraincté littéraire de l'Homère et du Virgile français et y importait ses doctrines.

En même temps il veillait soigneusement à la police du palais et déjouait les ruses des avocats pour tenir les procès en suspens. « La liberté du temps avoit apporté qu'un advocat trouvant sa cause mauvaise se faisoit excuser de maladie pour gagner le tour du rôle : c'étoit la cause qui étoit malade et non lui. Le président se roidit et rendit si rigoureux contre ces excuses affectées, qu'en peu de temps il en fit perdre la coutume. »

Christophe de Thou occupa vingt ans l'état de premier président au Parlement de Paris « sans que jamais, pendant cet entrejet de temps, on l'ait vu malade quatre jours. » Il mourut le premier jour de novembre 1582, *végète de corps et d'esprit,* à l'âge de soixante-quinze ans. Il laissait six enfants : trois fils, dont l'un, Jacques-Auguste de Thou, seigneur d'Emery, magistrat célèbre qui prépara l'édit de Nantes et écrivit en latin l'histoire de son temps (¹); trois filles, dont l'une était mariée à M. de Harlay, qui succéda à son beau-père dans la charge de premier président.

Après ces avocats illustres, il faut citer quelques-uns de leurs contemporains tout à fait oubliés aujourd'hui, mais qui eurent leur jour de réputation et dont les traits esquissés par Loisel complètent la physionomie du barreau dans la première moitié du seizième siècle.

Jean des Vaux, qui *prenait peine à bien parler français* et dont le jeune Pasquier curieux de beau style faisait grand état à ses débuts.

Pierre Rebours, « qui était si fort chargé de causes, à raison de la dextérité et de la facilité de son esprit et de sa langue, qu'on disait par commun proverbe du palais, *que tout alloit à rebours.* »

Thomas Sibilet, auteur d'un *Art poétique françois pour l'institution des jeunes étudiants* (Lyon, 1548, in-8°), qui s'inspire de Marot, au moment où Ronsard va fonder son école. C'est lui qui décida la vocation de Pasquier pour la poésie : « Il s'amusoit plus à la poésie françoise qu'à la plaidoirie, dit Pasquier, dans le *Dialogue* de Loisel; c'est lui qui m'en a mis le premier la plume en la main, dont je lui suis obligé. » Fermement attaché à la cause royale, Sibilet fut emprisonné avec son ami l'Estoile pendant les troubles de la Ligue (²).

(¹) V. le Discours de M. Patin, couronné par l'Académie française en 1824, sur la vie et les œuvres de J.-A. de Thou.

(²) Voir aux *Notes* un jugement de Sainte-Beuve sur l'*Art poétique* de Thomas Sibilet.

Guillaume et Aymon Boucherat : le premier, avocat de talent, qui mourut jeune ; le second, qui n'avait, au dire de beaucoup de gens, ni éloquence ni savoir, mais seulement quelque routine du palais. « La réputation qu'il y avoit acquise procédoit plus de la suffisance de son frère que de la sienne. » Guillaume et Aymon Boucherat étaient Champenois, et tous deux du conseil de la maison de Guise, laquelle étant alors en crédit, fit d'Aymon Boucherat un avocat du roi, comme on disait que M. Du Mesnil l'avait été par la faveur de M. le connétable.

Antoine Du Lac, auvergnat. « Il étoit un peu trop ventart, lui semblant qu'il n'y avoit personne au palais qui entendit la matière des substitutions comme lui, dont ses compagnons se rioient ; néanmoins il y étoit plus employé qu'en d'autres affaires. »

Bariot, qui devint conseiller ; homme vraiment *nourri aux sacs* et qu'on prendrait pour l'original du *Perrin-Dandin* de Racine. Chicaneau certes n'aurait pas manqué avec lui :

> De dits, de contredits, enquêtes, compulsoires,
> Rapports, transports, griefs, baux, interlocutoires.

. Il en donnait aux plaideurs pour leur argent ; et l'on citait à ce propos le trait suivant : Bariot, avocat, était fort employé aux écritures (1) et se faisait payer à raison

(1) Aujourd'hui les avocats sont uniquement voués au ministère de la parole. Au seizième siècle, ils étaient en possession de faire des écritures judiciaires, dont les procureurs réclamaient inutilement le monopole. Ils

de cinq sous par rôle. Or, un Normand ayant baillé un double ducat à son clerc pour une paire d'écritures, voit qu'il s'en faut de cinq ou dix sous que les rôles ne vaillent son double ducat. Il revient demander son reste. Le clerc soumet le cas à Bariot, qui appelle le Normand : « Mettez-vous là, lui dit-il; jai oublié un des meilleurs moyens de votre cause; il faut l'ajouter; » et de fait il lui dicte sur-le-champ un feuillet ou deux, pour les cinq sous reçus en trop.

Bariot était déjà conseiller à la grand'chambre, quand Pasquier débuta au Palais.

> Tous les jours le premier aux plaids et le dernier;
> Et bien souvent tout seul, si l'on l'eût voulu croire,
> Il s'y serait couché sans manger et sans boire.

« Il étoit si amoureux de procès, qu'il prenoit plaisir *à faire attacher ses sacs par ordre* en l'une de ses chambres, lesquels il alloit souvent visiter et compter avec autant de contentement que fait un laboureur ses troupeaux de moutons; ce que feu M. le chancelier de L'Hospital prit plaisir de représenter par ces vers :

> Nam memini quemdam plenum gravitatis et annis
> Burgunda de gente senem, cui mille ligatis
> Inclusæ saccis pendebant ordine lites.
> Has omnes, animi causa, semel omnibus horis
> Ille recensebat, minimumque putabat ad assem

devaient, à l'exclusion des procureurs, faire et signer les *greifs, causes d'appel, moyens de requête civile, contredits,* etc. (V. Gaudry, *Histoire du Barreau de Paris.*)

Quid tantum lucri numero speraret ab illo;
Ut pastor, cui mille boves in montibus errant,
Quem ferat ex vitulis fructum, quem lacte reportet
Presso vel liquido, quem denique matribus ipsis,
Subducit tacitus : nummo nec fallitur uno (¹). »

Ne voilà-t-il pas une piquante imitation du vieillard de Tarente chanté par Virgile ? L'Hôpital, *ce censeur Caton*, esquisse, après Aristophane et avant Racine, une jolie image du vieux juge *amoureux de procès*. C'est l'ancien avocat Bariot qui eut l'honneur d'inspirer ces vers au futur chancelier de France.

Léonard de Goulas, docte personnage, avocat sérieux, se faisait tort par son esprit d'indépendance et sa liberté, « ne pouvant endurer non seulement les inepties et importunités des parties ou des procureurs que nous sommes souvent contraints de digérer, mais non pas même les répréhensions que font quelquefois Messieurs les présidents, lesquels nous devons respecter et reblandir, » dit Loisel.

Jean du Boisle, « lequel n'avoit rien de recommandable que la force et la hauteur de sa voix, semblable en cela à ce Trachallus, duquel parle Quintilien (²). Et néanmoins

---

(¹) Œuvres de L'Hôpital, lib. II, *Epistola XIX, ad J. Morelum*. V. Loisel, *Dialogue des Avocats*.

(²) « Vox quidem Trachalli, non, ut Cicero desiderat, pene tragœdorum, sed super omnes, quos quidem audierim, tragœdos. Certe cum in basilica Julia diceret atque omnia clamoribus fremerent... et auditum eum et intellectum et laudatum quoque ex quatuor tribunalibus memini. » (*Instit. orat.*, liv. XII, cap. V.)

il étoit bien éloigné des perfections que l'on remarquoit en cet orateur. On l'oyoit de la chapelle de la salle du palais, quand il plaidoit aux requêtes, ce qu'il faisoit assez souvent sur la fin de ses jours : en quoi il se rendoit ridicule ; car en ses jeunes ans il avoit été plus estimé, ayant fait un commentaire sur la *Somme rurale* de Boutillier. Quand je vins au palais on faisoit un conte de lui et de feu M. le président de Harlay, père de M. le premier président, lequel ne pouvoit se garder de dire quelque mot de gausserie en quelque lieu qu'il se trouvat. C'est que du Boisle plaidant un jour devant lui et prenant son ton fort haut dès le commencement de son plaidoyer, contre ce qu'on a de coutume, il ne se put tenir de lui dire ces mots : « *Couvrez-vous, du Boisle, et parlez haut,* » dont toute la compagnie se prit à rire. »

Plusieurs avocats de cette époque, sans mériter la réputation d'éloquence, obtinrent cependant une place honorable au barreau et ne furent pas sans influence sur la génération qui les suivit, par l'intégrité de leur caractère, la solidité de leur savoir, leurs ouvrages de littérature et de jurisprudence.

Tel fut M. Gilles Bourdin, « car il étoit très docte en toutes bonnes lettres et sciences ; il entendoit parfaitement les langues grecque et latine ; il n'étoit point ignorant en l'hébraïque, lisant ordinairement les auteurs en leur langue ; il étoit savant en théologie, en médecine, aux mathématiques ; il avoit bien étudié en droit et de bonne façon ; car il avoit les textes fort en main, et lisoit quasi tous les ans le corps de droit et pareillement les ordonnances, lesquelles il tenoit ordinairement en ses mains, les lisant tant en l'audience qu'au parquet. Aussi avoit-il fait un commentaire grec sur une comédie d'Aristophane et un latin sur l'ordonnance de 1539, qu'il fit imprimer étant encore jeune advocat. » Sa vaste érudition lui permettait de prendre la parole sur les sujets les plus variés, sans préparation, à l'improviste. Il remplaçait ainsi ses compagnons absents, malades ou empêchés, « ainsi qu'il fit paraître une après-dînée, que l'on plaida la cause d'une horloge, en laquelle il montra sur-le-champ ce qu'il savoit sur ce sujet, n'oubliant rien à alléguer d'Archimède, de Vitruve, de Cassiodore et d'autres : dont un chacun fut fort étonné, car personne ne s'y attendoit; et disoit-on que les avocats qui plaidèrent la cause ne lui avoient point communiqué, et même l'on pensoit qu'il dormît. » Avec une apparence nonchalante, un air somnolent et presque l'attitude d'un homme endormi, Gilles Bourdin avait l'esprit vif, toujours en éveil et toujours dispos. « Le plus souvent il sommeilloit tellement, que ceux qui n'y étoient point accoutumés, estimoient qu'il dormoit à bon escient. Mais comme l'on cessoit de parler, il se réveilloit soudain, disant qu'on continuât et montroit qu'il n'avoit rien perdu de ce que l'on avoit dit. J'oubliois à vous dire qu'il peignoit élégamment en toute sorte de lettres, françoise, italienne, latine et grecque, jouoit du luth et de l'épinette, chantoit sa partie. Bref, il n'y avoit aucun défaut en lui que cet assoupissement dont il décéda ; sa femme qui étoit couchée avec lui et qui l'avoit ouï ronfler selon sa coutume, l'ayant trouvé le lendemain mort à ses côtés. Cette mort, dis-je, fut étrange et est périlleuse à un chrétien, qui doit souvent prier Dieu de le préserver de mort soudaine et non prévue ; car, quant aux païens, ils l'estimoient la plus heureuse. Aussi me souvient-il avoir lu en Tertullien, que Platon étoit ainsi mort dormant (¹) ; et pour ce, dès lors, du décès de M. Bourdin, je fis ces deux vers sur lui :

> In somnis animam Burdini e corpore raptam
> Quid luges ? et in hoc par debuit esse Platoni. »

- Gilles Bourdin faisait partie du parquet en même temps que Baptiste Du Mesnil et Aymon Boucherat. On disait communément de ces trois avocats du roi que « *l'un disoit plus qu'il ne savoit*, c'étoit M. l'avocat Du Mesnil (²) ; l'autre, savoir est M. Bourdin, *savoit plus qu'il ne disoit* ; et le troisième, *qu'il ne savoit ni ne disoit*. »

A côté, mais un peu au-dessous de M. Gilles Bourdin, il faut mettre Noël Brulart, qui devint procureur général et « exerça cet état avec une telle intégrité, prud'homie et autorité, et rendit sa mémoire si recommandable,

---

(¹) V. Tertullien à la fin de son livre *De anima* : « Nam etsi præ gaudio qui spiritum exhalet, ut Chilon Spartanus, etc... etsi per somnium, ut Plato, etsi per risum, ut P. Crassus, etc... » (P. 851 editionis 1641, N. Rigaltii.)

(²) V. aux *Notes* le jugement sur B. du Mesnil et les vers que lui adresse L'Hôpital.

qu'elle a servi d'exemple et de patron à tous ses succes-
seurs procureurs généraux. » Pierre Brulart, qui fut
longtemps avocat des parties avant d'être substitut du
procureur général son cousin. « Avant de quitter la
fonction d'avocat, il avoit plaidé dans une cause solem-
nelle restée célèbre au Palais sous le nom de la cause
Te Deum laudamus. Le conte en est assez plaisant, dit
Loisel, et réveillera quelqu'un auquel le rôle d'advocats
que j'ai nommés pourroit avoir été ennuyeux. Un cha-
noine de Chartres avoit ordonné par son testament qu'on
chantât le *Te Deum* en l'église aux jour et heure de son
enterrement. Ce que l'évêque Guillard trouva non seulement nouveau, mais aussi si scandaleux qu'on lui refusa
ce qu'il désiroit, alléguant que c'étoit un hymne de
louange et de réjouissance, non convenable au service
des trépassés. L'autre, au contraire, soutenoit qu'il n'y
avoit rien que de bon et de dévot en cet hymne ; et pour
le montrer il parcourut tous les versets dont il est
composé avec de belles recherches et interprétations dont
il les orna, ajoutant qu'il contenoit même une prière
formelle pour les trépassés, en ces mots : « *Te ergo
quæsumus, famulis tuis subveni, quos pretioso sanguine
redemisti. Æterna fac cum sanctis tuis gloria munerari.* »
Bref, la cause fut si bien et si solennellement plaidée,
que le testament et le *Te Deum* ordonné par icelui furent
confirmés par arrêt, qu'on baptisa du nom de *Te Deum
laudamus,* dont ces messieurs les advocats remportèrent
beaucoup d'honneur. »

Les avocats étaient alors divisés en *avocats écoutants, avocats plaidants* et *avocats consultants.* Les premiers *(audientes)* étaient les *stagiaires ;* les seconds *(causas agentes)* les avocats inscrits au tableau, qui avaient le droit de signer les écritures et exerçaient devant les tribunaux le ministère de la parole. Les troisièmes, nommés dans les anciennes ordonnances *advocati consiliarii,* se bornaient à donner des avis et tenaient le premier rang au barreau. Ils représentaient ces jurisconsultes appelés par les lois romaines *prudentes.*

Jamais, dit M. Gaudry, un avocat plaidant n'arrivait à l'audience sans avoir une direction donnée par un avocat consultant. « On s'adressait à eux lorsqu'un procès allait s'engager ; ils étaient appelés s'il s'agissait de régler des affaires de famille. *La tranquillité ou le trouble de toutes les maisons dépend d'eux,* écrivait La Roche-Flavin. Ils étaient donc les premiers juges des intérêts de famille. Ils avaient au Parlement leurs bancs à part et siégeaient sur les fleurs-de-lis. Ces honneurs ne les empêchaient pas d'exercer en général leur profession avec modestie. Ils avaient l'habitude de se rendre au palais près du premier pilier ; de là on les appelait à la chambre de consultation pour donner leur opinion verbale ou par écrit à ceux qui venaient implorer leurs lumières (¹). » Les plus célèbres avocats consultants dans la première moitié du seizième siècle sont Mathieu Chartier et Charles Dumoulin.

(¹) *Histoire du Barreau de Paris,* liv. II, par Gaudry, ancien bâtonnier de l'ordre des avocats.

« Or, entre les advocats, celui qui tenoit le premier lieu des consultants, dit Loisel, étoit feu M. Mathieu Chartier, père de feu M. Chartier, qui mourut doyen des conseillers du Parlement, et qui, pendant la Ligue, ayant été fait premier président par M. de Mayenne, se bannit volontairement du palais sans y vouloir retourner jusqu'à ce que Dieu nous ayant fait la grâce de réduire la ville en l'obéissance du roi, il reprit plus volontiers sa place de conseiller que l'honneur de premier président qui lui avoit été ainsi déféré. Son père étant donc, en mon jeune âge, fort ancien avocat, ne venoit plus guère au palais, mais le *palais, s'il faut ainsi dire, alloit chez lui.* Car il étoit comme l'oracle de la ville, à cause tant de son savoir, expérience et long usage, que de sa prud'homie et intégrité de sa vie. On disoit de lui qu'il donnoit tous les mois cent francs à la boîte des pauvres du gain qu'il faisoit en sa vacation. Aussi n'y avoit-il lors guère d'autres consultants que lui et M. Goyet, advocat du roi au Châtelet. »

Il faut ranger cependant parmi les avocats consultants le grand jurisconsulte dont l'avocat du roi, Pierre Séguier, prenait les avis dans toute affaire importante, le savant Charles Dumoulin. Les décisions de Dumoulin, suivant une légende qui l'honore, avaient plus d'autorité au palais que les arrêts du Parlement. C'est à lui que l'Université s'adressera en 1565, lors de son procès avec les Jésuites, et Dumoulin s'opposera à leur réception dans l'Université en appuyant son opinion sur neuf motifs qu'énumère de Thou dans son Histoire (¹).

Né à Paris en 1500, Dumoulin avait étudié le droit à Poitiers et à Orléans. A vingt-deux ans, il était reçu avocat au Parlement de Paris, et suivait pendant trois ans le Châtelet, où son père, Jean Dumoulin, resta toujours attaché. Quand il débuta ensuite au Parlement, il s'aperçut bientôt qu'il n'était point né pour les luttes de l'audience. Un vice de prononciation, une espèce de bégaiement, le rendait « malhabile en la fonction d'advocat plaidant », et le força d'y renoncer vers l'âge de trente-cinq ans. Son mérite s'était pourtant fait jour. Papire Masson rapporte que plaidant au Parlement devant Christophe de Thou, alors président de chambre, Dumoulin aurait été interrompu par des paroles dures ou brusques du président. Le lendemain une députation d'avocats se rendit chez Christophe de Thou, et le plus ancien fut chargé par ses confrères de dire au magistrat : *Læsisti hominem doctiorem quam unquam eris*. De Thou regretta sa brusquerie et témoigna, à l'audience suivante de la Cour, que ce qu'il avait dit était par chaleur et sans dessein. Nous citons l'anecdote sans y ajouter foi. Outre que Christophe de Thou n'était pas président à l'époque où Dumoulin plaidait encore (²), il n'est pas probable

(¹) Dumoulin s'était, du reste, associé au mouvement de la Réforme. Son *Commentaire des petites da'es,* en ébranlant l'autorité des *Décrétales,* l'avait fait dénoncer et poursuivre comme hérétique. Ce commentaire était rempli, il faut le reconnaître, de faits hasardés, d'imputations erronées et d'injures violentes.

(²) Christophe de Thou ne devint président qu'à la fin de l'année 1553, et Dumoulin quitta le barreau vers l'an 1535.

qu'il se fût permis une parole blessante pour l'avocat; il est moins probable encore que les confrères de Dumoulin eussent adressé au président une remontrance aussi brutale, si peu digne de la magistrature et du barreau.

Chez Dumoulin, la probité rehaussait encore la science. « Il aima mieux rester trois mois en prison que de signer une consultation contraire à sa conscience que lui demandait le comte de Montbéliard. » Il s'était consacré à l'interprétation et à l'éclaircissement de nos coutumes. Rival de Cujas par le génie, il précéda de quelques années son infatigable et glorieux émule. Comme Cujas, il écrivit en latin, mais s'occupa du droit national et s'efforça d'appliquer la méthode des lois romaines à notre législation. Mêlé aux querelles religieuses de son temps, il adhéra successivement aux doctrines de Calvin et de Luther; mais de Thou rapporte qu'il se réconcilia avec l'Église catholique avant de mourir (1566). Sa renommée ne fit que grandir après sa mort, et les avocats de la seconde moitié du seizième siècle sont tous plus ou moins ses disciples (¹).

Bornons ici cette galerie d'avocats et de jurisconsultes. Aussi bien le barreau qui tenait le palais sous François Ier et Henri II nous est assez connu maintenant par le tableau qu'en ont tracé Pasquier et Loisel. Il revit à nos

---

(¹) Chef d'une école nationale, plus immédiatement pratique et moins classique que celle de Cujas, Charles Dumoulin chercha, à l'aide du droit romain, à dégager l'unité d'entre les infinies diversités du droit féodal. (Henri Martin, t. VIII, p. 142.)

yeux, semble-t-il, avec les traits qui lui sont propres comme avec les traits qui appartiennent aux avocats de tous les temps. En effet, est-il seulement du seizième siècle cet « Auvergnac vantard » qui déclare entendre seul la matière des substitutions, et qui, par sa jactance et son aplomb, se crée une notoriété et se fait une clientèle? N'est-il pas de tous les temps (qu'il s'appelle Trachallus ou Jean du Boisle), cet orateur à la voix sonore dont le débit pompeux fait tout le mérite et qui passe pour éloquent parce qu'il crie fort? Nous en connaissons tous aujourd'hui chez qui la routine du palais supplée à l'étude et au savoir; et qui, comme Aymon Boucherat, arrivent pourtant par la faveur de M. de Guise ou du connétable. Mais ceux qui représentent vraiment cette époque d'érudition un peu confuse, c'est Gilles Bourdin, l'hébraïsant, qui possède à fond la théologie, la médecine, les mathématiques; qui lit dans leur langue Démosthène et Cicéron; qui cite Archimède et Vitruve à propos d'une horloge; et qui, comme alourdi par sa science, suit les procès en ayant l'air de dormir et se réveille de sa torpeur apparente avec un texte de loi et une citation : c'est Dumoulin, qui ramène aux principes de la raison et de l'équité les us et coutumes de la vieille France féodale; c'est Jacques Aubery, Pierre Séguier et Christophe de Thou, dont la parole facile et l'éloquence déjà cultivée sert de modèle aux jeunes avocats qui les suivent.

Nous venons d'étudier une période de transition, ou,

si l'on veut, la première phase de cette période. Il faut enfin arriver à Pasquier, à Marion, à du Vair pour connaître le barreau de la Renaissance et l'éloquence judiciaire dans ses plus remarquables monuments, au seizième siècle.

NOTES

—

I.

Procès du chancelier GUILLAUME POYET. Voir sur le procès
du chancelier Poyet l'ouvrage intitulé *Histoire du procès
du chancelier Poyet, par l'Historiographe sans gages et
sans prétentions* (1776, in-8° de 360 pages). C'est le recueil
des pièces de ce fameux procès. Voir aussi les notes
d'Isambert, *Recueil des anciennes lois françaises.*

Le 3 avril 1543, François Ier adressa d'Evreux au Parlement de Paris des lettres par lesquelles il lui ordonnait
de poursuivre sans délais le procès du chancelier Poyet
et nommait des commissaires pour l'instruction.

Le 29 avril 1544, après Pâques, la veuve de l'amiral
Chabot présenta requête pour être admise à faire valoir
ses griefs contre Poyet, ainsi qu'elle y était autorisée par
lettres du roi. La Cour admit son intervention.

Le 7 mai, on commença les interrogatoires des témoins.
Le 15, premier interrogatoire de Poyet. Le Roi déposa en
personne : que le chancelier avait falsifié le sceau pour
s'approprier les deniers de l'audience de la chancellerie.
Dans le cours de l'instruction, beaucoup d'autres griefs
furent articulés contre lui, notamment celui d'avoir créé
à prix d'argent de nouvelles érections d'offices, d'avoir
dépouillé des titulaires, etc., etc.

Le 28 août, réquisitoire du ministère public. Ce fut dans le cours de cette affaire que Poyet, malgré son habileté consommée dans la procédure, demanda l'assistance d'un conseil pendant les interrogatoires, ce qui lui fut refusé par la Commission, en vertu de l'art. 162 de l'ordonnance de 1539. On lui refusa même toute autre communication que celle du greffier, en lui disant : « *Patere legem, quam ipse tuleris.* »

Le 24 avril 1555, la Commission du Parlement déclara le chancelier Poyet inhabile à tenir aucun office royal, le destitua de son office de chancelier, le condamna par corps à 100 mille livres d'amende pour concussion, malversations et abus de pouvoir.

Lors de l'exécution de son arrêt, Poyet présenta au Roi une basse supplique pour demander une réduction de l'amende de 100 mille livres. Il n'est pas vrai, comme on l'a dit, qu'il ait repris la profession d'avocat. (Isambert, *Anciennes Lois françaises.*)

II

PIERRE LIZET, naquit à Villemur, près de Salers (Auvergne), en 1482. Il mourut âgé de soixante-douze ans, en 1554.

Antoine Mornac, dans ses *Feriæ Forenses*, fait ainsi l'éloge de Lizet :

Petrus Lizetius, Salernensis Arvernus, senatus Parisiensis princeps.

Vixit Petrus Lizetius longissime
Clientium patronus atque postea
Regius : et inde primam adeptus infulam
Cumque frueretur jamdiu fama sui,

Obiit potentioris expertus minas
Manumque superam, credulo sub principe;
Donatus tamen sacro, ætatem ad malam,
Stipendio. Quod enim stupebunt posteri,
Post præstita egregie tot officia, et diu,
Neque in suo, ubi vestigia imprimeret, fuit.

Voici le passage où le grand Arnauld prend Pierre Lizet à partie : « Un livre du président Lizet qui roule tout entier sur cette folle pensée que quand la Bible a été traduite en latin, au commencement de l'Église, il y avait deux sortes de latin : l'un conforme aux règles de la grammaire, qui n'était entendu que des savants, et l'autre, qui n'était pas astreint à ces règles, qui était le seul que le peuple entendit. »

III

Baptiste Du Mesnil, « dès la première jeunesse plaidoit autant que nul autre... Toutefois parce que de son naturel il étoit un peu homme de plaisir et de jeu, il arrivoit quelquefois qu'ayant joué toute une après-dinée, puis soupé, puis joué encore avec ses amis une bonne partie de la nuit et dormi fort légèrement, quand il étoit pressé de s'apprester des causes dont il étoit chargé en grand nombre, en vuidant les plus petites par expédient, il prenoit parfois l'une pour l'autre... Mais le feu de la jeunesse étant passé, le palais le posséda tout entier, si bien qu'il ne s'y présentoit aucune belle cause à plaider, où il n'eust part pour l'appelant ou pour l'intimé. Nommé advocat du roi vers la trente-huitième année de son âge, *il reprit plus soigneusement que jamais et avec plus de jugement l'estude des bonnes lettres,* surtout de l'histoire tant sacrée que profane, dont il se sçavoit fort bien servir en ses discours. *Seulement donnoit-il à connaître qu'il y étoit venu un peu tard en s'arrêtant quelquefois à des choses dont ceux qui y ont été instruits de bonne heure font moins de cas;* de sorte que quelques-uns disoient de lui ce qu'on remarque de Cassius Severus : *Virum fuisse præsentis animi et majoris ingenii quam studii; quum magis placeret in iis quæ inveniebat, quam in iis quæ attulerat.* Car il sembloit ne dire jamais mieux, que lorsque ne voùlant point faire du sçavant, il y apportoit moins d'art et plus de naturel..... Il étoit fort méthodique, divisant presque toujours son plaidoyer en parties, lesquelles il reprenoit et poursuivoit par ordre sans rien oublier, balançant et contre-pesant d'une merveilleusement bonne grâce et fort clairement les raisons de l'une et de l'autre partie. » Le spectacle des discordes civiles, une espérance déçue (il avait espéré une charge de président au Parlement de Paris), « joint quelques propos sévères qui lui furent dits par la Reine mère du Roi » le jetèrent dans une grande mélancolie. Il tomba malade et témoigna lui-même, dans une pièce de vers écrite en latin, qu'il se disposait à la mort. Ces vers étant tombés entre les mains du chancelier de L'Hôpital, celui-ci essaya de lui rendre courage par d'autres vers, dont voici quelques fragments :

Ad Baptistam Menilium,
advocatum regium.

Menili, vereor mala ne præsentia nobis
Spemque animumque ferant. At non jacamus inertes.
Tu modo tentatus morbo, ratus esse malorum
Extremum hunc finem, cupiisti excedere vita,
Pertæsus nostri, pertæsus et urbis et aulæ.

Hoc fortasse mihi fuit excusabile votum,
Cui vires corpusque simul tulit ægra senectus,
Qui patria atque meis, mihi sum vel inutilis ipsi.
At tibi robusto, medium cui restat eundum
Plus vitæ spatium, ne tam scelerata cupido
In mentem veniat certum prævertere finem,
Aut legum patriæque velis desertor haberi.
— At meritis cruciare tuis non digna referri
Præmia. Quid ? fortasse nova hæc ? non omnibus imo
Regibus ac populis longos assueta per annos ?
Audi et te patriæ serva, melioribus olim
Temporibus, etc...

L'Hôpital entretient ainsi une correspondance poétique avec les plus savants personnages de son temps. Il console les uns, loue ou conseille les autres; il est leur ami ou leur protecteur. « Aymon Boucherat étant décédé pendant que le roi Charles et la Reine sa mère estoient à Toulouse pour le voyage de Bayonne, » L'Hôpital use de son crédit auprès de la Reine-mère pour tirer M. de Pibrac de la ville de Toulouse, en laquelle il était juge-mage, et lui obtenir la charge d'avocat du roi au Parlement de Paris. C'est donc L'Hôpital qui appelle Pibrac à Paris et en fait le collègue de Baptiste Du Mesnil. Il lui adresse du reste plusieurs de ses épîtres, entre autres la 1re du 4e livre; la 1re et la 7e du 6e livre. Voici en revanche une lettre latine peu connue, croyons-nous, dans laquelle Gui du Faur de Pibrac exprime son respectueux attachement à L'Hôpital :

Vidus Faber V. C. M. Hosp., salutem.

Discedenti patruo has ad te litteras dedi. Annuum hoc tibi posthac munus erit a me, Hospitali, leve quidem istud, si respicias ad facultates et divitias ingenii tui, sed magnum ex fortunis meis; et quum ab optimo animo proficiscatur, non potest, scio,

quantulum id cunque fuerit, tibi sapienti viro non esse jucundum.
Adde quod gratiam nullam novam quæro ; veterem cupio tantum
retinere : quam oblatam mihi abs te nullo merito meo, ita colo,
ita prosequor animo ut neque lubentius quidquam meminisse,
neque re ulla magis ad laudem affici soleam, quam cogitatione
tuæ in me benevolentiæ et præclari illius judicii tui de me stu-
diisque meis, quanquam non erat istud vere judicium ; nec sane,
in epistola sententiam religiose dicere necesse fuit. Verum tu,
ad eam, quæ in te est, virtutem, manum dirigens in eaque
defixus, *mores meos egregiis coloribus ita depinxisti, facile ut*
intelligerem, non qualis essem, sed qualem tu me esse velles :
et qualis si tibi visus fuissem aliquando, Hospitali, nunquam
profecto fati illius tui et erroris, ut tu appellas, necessitas, in re
utriusque nostrum maxima, tantopere mihi obfuisset Sed novi
ego vos magnos viros et prudentes. Nonnulla fato interdum
tribuitis, quæ scitis fatis minime obnoxia esse : id autem, vel
quia in vitæ actionibus, κατὰ Διόδωρον, reprehensionem nullam
habere possunt ea, quæ necesse erat ita evenire ; vel quia ad
tegendas rationes consiliorum vestrorum quas a paucis vultis
intelligi, aptius nihil est quam casum et eventum prætexere.
Videorne satis callide occurrisse tibi ? Equidem non refugiam
callidi et astuti nomen potius, quam ut ea de me dici putem,
quæ erant in tuis litteris, quæque non nisi ad excellentes viros
possunt pertinere ; aut ita stolidus sim, ut quum in rebus
omnibus publicis et privatis agas nihil nisi consulto ac sapienter,
in re, quæ ad te tantum pertinebat, errasse te et fortunæ te
commississe credam. Nunciatum nunc primum est de Æmilii
Perroti morte, viri probi sane ac docti ; mihi quidem ex nonnullis
sermonibus quos cum eo habueram, non ignoti ; tibi autem vetere
quadam et præcipua necessitudine studiorumque similitudine
conjunctissimi. Audio mortem illam heroïcam fuisse et plane
divinam. Non qui recte vivunt, iidem optime semper moriuntur :
et bonos alioqui poetas accepimus extremo in actu fabulæ non-
nunquam defecisse. Cumulata laus est, quum tenorem vitæ
morte probamus. Tu vero debes nunc hoc amici tui, excellentis
viri gloriæ (et nescio an hoc proprium tui officii sit) curare uti ne

pereant et intercidant lucubrationes quas ille jam inde ab adolescentia sua ad jus civile populi Romani meditabatur.

Citius quam existimabam et fortasse quam e re familiari ejus erat, patruus meus hinc ad vos proficiscitur, nec tamen nisi necessario, ut ipse narrabit tibi. Vis dicam : patent nimium, crede mihi, principum nostrorum aures obtrectatorum vocibus ; nihil audiunt lubentius, nihil tenacius hæret, nihil ulciscuntur magis. Levis profecto animi esset lucem splendoremque fugientis, justam gloriam, qui est fructus veræ virtutis honestissimus, repudiare. Cujus autem, quæso, animi fuerit, pati existimationem suam et dignitatis florem falsa criminatione convelli, conscindi, infringi ? At perspecta hominis virtus et cognita dubitationi locum non dat, nec potest lædi. Quid si hujus sæculi labes sit quædam et macula, virtuti invidere ? virtutem invidia violare ? Utinam res exemplis minus nota esset. Et tu aliquando, Hospitali ornatissime, similes vidisti ventos, similibus tempestatibus non cessisti : nec ille hercle cessurus est..... Vale. Pybraci, prid. Calend. Decemb. MDLVI.

Pibrac était encore à Toulouse, on le voit, quand il écrivait cette lettre à Michel de L'Hôpital, premier président en la chambre des comptes à Paris (1556). Nous pouvons remarquer ici quelle influence avait L'Hôpital sur tous les esprits distingués, soit à Paris, soit en province ; et comme, à son exemple, les magistrats et les avocats rivalisaient de zèle pour former par l'étude et l'imitation des modèles de l'antiquité leur style encore pénible et embarrassé dans la langue vulgaire.

IV

Thomas Sibilet. — Dans son *Histoire de la Poésie française au seizième siècle*, M. Sainte-Beuve n'omet pas l'*Art poétique* de Thomas Sibilet.

« Thomas Sibilet, dit-il, publie un *Art poétique* en 1548. Cet art poétique, nourri d'ailleurs des préceptes de l'antiquité et des remarques les plus judicieuses, rend solennellement hommage à *nos bons et classiques poètes françois, comme sont entre les vieux, Alain Chartier et Jean de Meun; et, entre les jeunes, Marot, Saint-Gelais, Scève et tant d'autres bons esprits*. Marot surtout y obtient d'un bout à l'autre les honneurs de la citation, et l'ouvrage, à le bien prendre, n'est qu'un inventaire, un commentaire de ses poésies... Tout semble donc promettre à Marot une postérité d'admirateurs, lorsqu'à l'improviste la génération nouvelle réclame contre une admiration jusque-là unanime et se détachant brusquement du passé, déclare qu'il est temps de s'ouvrir par d'autres voies un avenir de gloire. L'*Illustration de la langue françoise* par Joachim du Bellay est comme le manifeste de cette insurrection soudaine qu'on peut dater de 1549 ou 1550... »

Tandis que du Bellay déclare « que les traductions ne suffisent pas pour illustrer la langue », Thomas Sibilet avertit au contraire son lecteur « que la version ou traduction est aujourd'hui le poème le plus fréquent et le mieux reçu des estimés poètes et des doctes ». Nous n'avons pas d'œuvre comme l'Iliade ou l'Énéide, sauf le *Roman de la Rose*, « qui est un des plus grands œuvres que nous lisons aujourd'huy en notre poésie françoise, et croy que cette défaillance d'œuvres grands et héroïques part de faute de matière ou de ce que chacun des poètes famés savants aime mieux, en traduisant, suivre la trace approuvée de tant d'âges et de bons esprits. »

Thomas Sibilet, du reste, était moins connu de son temps pour ses plaidoyers que pour son *Art poétique*, et lisait moins Barthole que Marot.

V

Gilles Bourdin, — outre ses Commentaires sur la comédie d'Aristophane et sur l'ordonnance de 1539, a laissé un plaidoyer imprimé dans les décisions de Gilles Lemaistre, augmentées par M. Jean Ramat, au *Traité des Régales,* chap. II.

« Plusieurs, dit Claude Joly, ont loué ce personnage par leurs écrits, et tous ont parlé avec admiration de ce perpétuel assoupissement qui étoit en lui : comme, en effet, c'est une merveille qu'un homme toujours sommeillant ait pu apprendre toutes les langues et sciences dont il avoit connaissance. Voyez ses éloges en M. de Sainte-Marthe (liv. II), et dans l'ouvrage de Mornac, intitulé *Feriæ forenses,* avec les épitaphes qu'ont faites de lui Baïf, au Ier livre de ses *Passe-Temps* (p. 19), Jodelle en ses *Tombeaux* (p. 168), Desportes en ses *Épitaphes.* Mais Jean Dorat a compris en ces deux vers grecs tout ce qu'ils en ont dit :

ὅς ῥέγκειν δοκέων, παντὸς λαλέοντος ἄκουε
Τῶν ἀγρυπνούντων ὀξυακουστότερον.

M. de Thou parle aussi de lui sur la fin du XXIIe livre de son Histoire (p. 674).

TABLE ALPHABÉTIQUE

DES AVOCATS CITÉS.

	Pages.
AUBERY (Jacques)	31
BARIOT	70
BOISLE (Jean DU)	72
BOUCHERAT (Guillaume)	70
BOUCHERAT (Aymon)	70
BOURDIN (Gilles)	73
BRULART (Noël)	75
BRULART (Pierre)	76
CANAYE	61
CHARTIER (Mathieu)	78
DUMOULIN	79
GOULAS (Léonard DE)	72
JACQUELOT	34
LAC (Antoine DU)	70
LIZET	22
MANGOT (Claude)	61
MARILLAC (Gabriel DE)	58
MARILLAC (François DE)	57
MESNIL (DU)	85
MONTHOLON (DE)	27
POYET	24
REBOURS	69
RIANT (Denis)	61
ROBERT (Pierre)	47
SÉGUIER (Pierre)	62
SIBILET	69
THOU (Christophe DE)	66
VAUX (Jean DE)	69
VILLECOQ	50

TABLE.

—

	Pages.
Avant-Propos	VII

CHAP. I. — Procès de Louise de Savoie, mère de François Ier et du connétable de Bourbon. — Guillaume Poyet, François de Montholon et Pierre Lizet ... 13

CHAP. II. — Massacres de Cabrières et de Mérindol. — Procès du baron d'Oppède et de l'avocat général Guérin — Plaidoyer de l'avocat du roi, Jacques Aubery. — Le conseiller clerc Anne Dubourg ... 31

CHAP. III. — La baillée des roses. Gabriel de Marillac et Pierre Séguier. Christophe de Thou. — *Le barreau avant Étienne Pasquier.* Jean des Vaux, Jean du Boisle, Gilles Bourdin, Pierre Brulart, Mathieu Chartier, Charles Dumoulin ... 57

Notes ... 83

Table alphabétique des avocats cités ... 93

Bordeaux. — Imp. G. Gounouilhou, rue Guiraude, 11.